Abydos

Theben

Delphi

ÄGÄIS

Athen

Korinth

MITTELMEER

Christa Holtei · Udo Kruse-Schulz

Reise in das ALTE GRIECHENLAND

Patmos

»Wer aber ohne weiteres bereit ist, sich jedes Wissensfaches zu bemächtigen und mit Lust ans Lernen geht und nicht genug davon haben kann, den werden wir mit Recht *philosophos* nennen.«

Platon, *Staat*

Für Rainer

CHRISTA HOLTEI
studierte Anglistik, Romanistik, Philosophie und Pädagogik in Düsseldorf. Heute arbeitet sie als freie Autorin und Übersetzerin. Sie lebt mit ihrem Mann in Ratingen bei Düsseldorf.

In der gleichen Reihe ist erschienen:
Christa Holtei & Udo Kruse-Schulz: *Reise in das Alte Ägypten*
Claudia Schnieper & Roland Warzecha: *Reise in das Alte Rom*

UDO KRUSE-SCHULZ
geboren 1960, besuchte nach einem Studium der klassischen Archäologie die Fachhochschule für Gestaltung in Hamburg. Er lebt heute als freier Illustrator in Hemmoor in Norddeutschland.

Für die fachliche Beratung danken wir Herrn Jürgen Schelle, Bad Zwischenahn

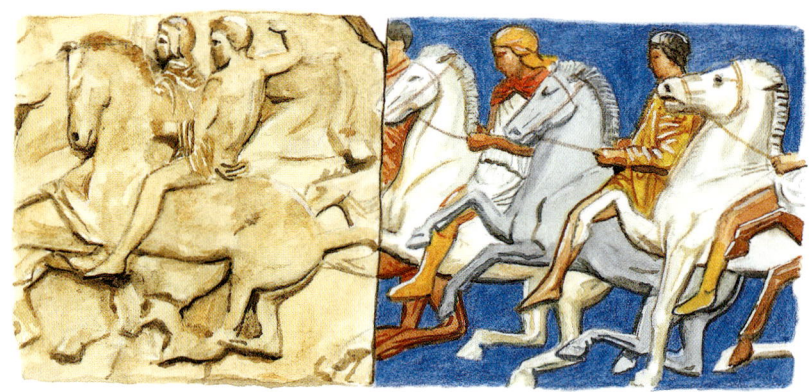

Christa Holtei (Text)
Udo Kruse-Schulz (Illustrationen)
Reise in das Alte Griechenland

Bibliografische Information der Deutschen Bibliothek

Die Deutsche Bibliothek verzeichnet diese Publikation in der Deutschen Nationalbibliografie; detaillierte bibliografische Daten sind im Internet über http://dnb.ddb.de abrufbar.

© 2003 Patmos Verlag GmbH & Co. KG
Alle Rechte vorbehalten
Druck und Verarbeitung: Fotolito Longo, I-Bozen
ISBN: 3-491-42003-2
www.patmos.de

INHALT

KLASSISCHES GRIECHENLAND

Griechenland hat Reisende schon immer fasziniert. Hunderte von Touristen kommen jedes Jahr um die berühmten Tempel aus antiker Zeit zu besichtigen. Sie wollen die Gebäude und Statuen mit eigenen Augen sehen, die seit Jahrhunderten von Künstlern und Architekten überall in der Welt kopiert worden sind.

SPURENSUCHE

Die gleiche Begeisterung wie Touristen, Architekten und Künstler haben die Archäologen für das antike Griechenland. Sie versuchen aber auch herauszufinden, wie die Menschen gelebt haben, die diese Gebäude errichteten. Was hat sie interessiert? Was haben sie gegessen und getrunken? Was haben sie gedacht? Die Spurensuche der Archäologen hat schon viele Rätsel gelöst.

Der Apollotempel in Korinth

Das Brandenburger Tor ist im 18. Jahrhundert nach dem Eingangstor zur Akropolis, den Propyläen, erbaut worden (s. Seite 23).

SCHON GEWUSST?
Archäologie ist ein griechisches Wort (*archaiologia*) und bedeutet wörtlich »das Wissen von der Vergangenheit«. Wir sagen auch Altertumskunde.

Archäologen sind Altertumsforscher. Sie beschäftigen sich mit allem, was die Menschen vor langer Zeit hinterlassen haben und untersuchen die Funde mit verschiedenen Methoden: Gebäude, schriftliche Zeugnisse, alltägliche Dinge und sogar die Toten in ihren Gräbern. Aus vielen kleinen Hinweisen setzen sie ein Bild zusammen, sodass wir uns vorstellen können, wie die Menschen in einem bestimmten Land zu einer bestimmten Zeit gelebt haben.

DER HAUSHALT DES HYPEREIDES

Wir sollten einfach ein bisschen in der Zeit reisen und eine griechische Familie besuchen. Sie lebt ungefähr um 350 vor Christus in Athen, also vor 2350 Jahren: zur Zeit des klassischen Griechenland. Damals nannte ein Grieche seine Familie *oikos* (Haus, Haushalt). Dazu gehörten nicht nur Eltern und Kinder, sondern auch Sklaven und Landbesitz. Unsere Familie wohnt in einem Haus aus Lehmziegeln, das um einen Innenhof herum gebaut ist und einen Bereich für Männer (*andron*) und für Frauen (*gynaikeion*) hat.

gynaikeion

andron

Sklaven-werkstatt

Leontion, die Frau des Hypereides, verbringt den größten Teil ihrer Zeit im *gynaikeion*

Myrtis ist 9 und lernt von ihrer Mutter alles, was sie wissen muss, wenn sie erwachsen ist.

Lysias ist 12 und kann sehr gut Flöte spielen.

Eupolis, sein älterer Bruder, ist 16. Er interessiert sich für Sportwettkämpfe.

Dies ist Hypereides. Er ist freier Athener Bürger und lebt von seinem Landbesitz.

Diomedes Patroklous lebt im Haus seines Sohnes. Seine Enkel nennen ihn Pappos, Großvater.

DIE WIEGE DER DEMOKRATIE

PAPPOS BEGINNT DEN TAG
Hekatombeion, 23. Tag, Sonnenaufgang

Diomedes Patroklous schlug die Augen auf. Er freute sich darüber, dass er den guten Rat des berühmten Arztes Diokles stets befolgte: Nach dem Aufwachen niemals sofort aufstehen! Es ist gesünder, liegen zu bleiben und zu warten, bis der Schlaf ganz aus dem Körper gewichen ist.

Diomedes blieb also liegen und dachte nach. Heute begannen die Panathenäen, das größte Fest, das Athen kannte. Er war nicht mehr der Jüngste und es würde anstrengend sein.

Er war auch gespannt, wie seine Enkel bei den Wettkämpfen abschneiden würden. Um Eupolis machte er sich keine Sorgen, aber Lysias war das erste Mal dabei. Was für eine Aufregung für den Jungen!

Diomedes beschloss, dass der Schlaf jetzt aus seinem Körper gewichen war, und stand auf. Er wusch sein Gesicht mit kühlem Wasser und griff in das Schälchen mit verriebener Minze. Mit den Fingern massierte er das Zahnfleisch damit und polierte die wenigen Zähne.

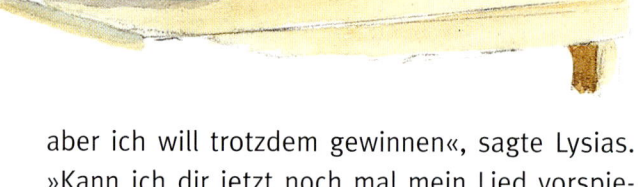

»Pappos, bist du wach?« Lysias hatte seine Flöte unter den Arm geklemmt und brachte seinem Großvater das Frühstück: mit Honig und Wasser gemischten Weißwein und eine Schale Gerstenbrei. Sonst tat dies ein Sklave, aber heute war ein besonderer Tag.

»Ja, komm ruhig herein!«, antwortete Diomedes.

»Bist du aufgeregt, Lysias?«

»Ach nein!«, sagte Lysias wegwerfend. Aber er war ziemlich blass.

»Kann ich etwas für dich tun?«, fragte Diomedes.

»Diodoros ist bei dem Musikwettbewerb der Jungen dabei, aber ich will trotzdem gewinnen«, sagte Lysias. »Kann ich dir jetzt noch mal mein Lied vorspielen?«

»Ja, tu das«, sagte Diomedes. Er trank einen Schluck Wein und genoss es, dem Flötenspiel seines Enkels zuzuhören.

CHRONOS – DIE ZEIT

In der griechischen Antike verkörpert Chronos die Zeit und die Vergänglichkeit. Unsere Wörter »Chronometer« (Zeitmesser, Uhr) oder »chronisch« (lange andauernd) stammen von diesem griechischen Wort *Chronos* ab.

Mit Sonnenuhren berechneten die Griechen sogar die Monate und den längsten und kürzesten Tag des Jahres.

ENIAUTOS (JAHR), *MEN* (MONAT)

Das neue Jahr begann ohne Neujahrsfest mit dem Monat Hekatombeion (Mitte Juni). Die zwölf Monate des Jahres hatten abwechselnd 29 und 30 Tage, das ergibt 354 Tage. Da ein Jahr aber tatsächlich 365 Tage hat, wurden die fehlenden Tage an der Zeitrechnung alle zwei Jahre durch einen 13. Monat ergänzt. Ein Tag hatte zwölf Tag- und zwölf Nachtstunden.

DIE PANATHENÄEN

Das höchste Fest Athens war das Geburtstagsfest der Göttin Athene (siehe S. 47), die »Panathenäen« mit Wettkämpfen in Sport, Musik und Dichtung. Eine feierliche Prozession zog zum Tempel der Göttin, um ihr Opfer darzubringen. Alle vier Jahre war das Fest besonders großartig und dauerte acht Tage (23.–30. Hekatombeion).

MACH MIT: DAS RÄTSEL DES KLEOBULOS

Ein Vater hat zwölf Kinder. Jedes der Kinder besteht aus zweimal dreißig Teilen und hat zwei Aussehen, einmal weiß und einmal schwarz. Alle sind unsterblich, haben aber trotzdem ein Ende.

Die Mondgöttin inmitten des Tierkreises mit den zwölf Sternbildern des Jahres. Seefahrer und Reisende orientierten sich an ihnen.

Kleobulos hat im 7. Jahrhundert v. Chr. gelebt und war einer der Sieben Weisen Griechenlands. Die Lösung des Rätsels: Der Vater ist das Jahr, die Kinder die zwölf Monate von dreißig Tagen, die in Tag (weiß) und Nacht (schwarz) aufgeteilt sind.

HELLAS

Hellas heißt das Land der Griechen. *Graecia* – Griechenland nannten die Römer ihre neue Provinz ab 146 v. Chr. Das Land (siehe Karte vorne im Buch) ist eine große, gebirgige Halbinsel. Die Ägäis, das Meer zwischen Hellas und Kleinasien (heute Türkei), ist mit ungefähr 3000 Inseln übersät. Archäologen haben mit Ausgrabungen nachweisen können, dass schon um 4000 v. Chr. Menschen in dieser Gegend siedelten.

Die Ruine des Palastes von Minos auf Kreta

DIE MINOISCHE KULTUR

Auf Kreta, der größten Insel der Ägäis, entwickelte sich um 2000 v. Chr. die kretische oder minoische Kultur. Sie wurde nach König Minos benannt, der in der Stadt Knossos einen riesigen Palast besaß. Ausgrabungen förderten Wandmalereien, Schrifttafeln, Gefäße und Figuren zu Tage, an denen Archäologen vieles über das Leben dieser alten Kultur ablesen können.

DIE MYKENISCHE KULTUR

Bei der heute 3600 Jahre alten Burganlage von Mykene im Norden des Peloponnes rätselten schon antike Menschen, wer das berühmte Löwentor zur Burg hatte bauen können. Es besteht aus tonnenschweren Steinblöcken, von denen einer mit Löwen verziert ist. Bei Ausgrabungen fand man Gräber, in denen adelige Krieger mit Waffen und Kriegsbeute beerdigt worden waren, einige sogar mit einer goldenen Totenmaske.

Die so genannte »Maske des Agamemnon«, heute im Archäologischen Nationalmuseum von Athen

Das Löwentor von Mykene

SCHON GEWUSST?

Ausgrabung nennt man das Freilegen von Überresten einer vergangenen Zeit. Es können Grabanlagen und Tempel oder auch versunkene Städte sein. Schicht für Schicht wird der Boden abgetragen und sogar gesiebt, bis man sicher ist, alle Hinweise gefunden zu haben. Die Funde werden verzeichnet, beschriftet, fotografiert und schließlich mit wissenschaftlichen Methoden untersucht.

TROJA

Zwischen 2000 und 1200 v. Chr. gründeten eingewanderte Volksstämme – Ionier, Achäer, Äolier und Dorier – Stadtkönigreiche wie die Stadt Troja an der Küste Kleinasiens. Heinrich Schliemann (1822–1890) fand die versunkene Stadt und begann 1871 damit, sie auszugraben. Er folgte den Ortsangaben des Dichters Homer (750 v. Chr.), dem die berühmtesten Gedichte der Antike zugeschrieben werden: die *Ilias* und die *Odyssee*.

DIE SAGE

Der trojanische Königssohn Paris hatte Helena, die Frau des Königs von Sparta, geraubt. Die *Ilias* (Troja heißt bei Homer Ilios) beschreibt den zehnjährigen Krieg gegen Troja, den die Griechen nur durch einen Trick gewinnen: Auf Rat des Helden Odysseus verstecken sich dreißig griechische Krieger in einem riesigen hölzernen Pferd und werden darin von den Trojanern selbst in die Stadt gezogen. Die Griechen brennen Troja nieder. Die *Odyssee* erzählt, wie Odysseus nach dem Krieg noch zehn Jahre umherirren muss, bis er endlich zu seiner Frau Penelope zurückkehren kann.

DIE GESCHICHTE

Weitere archäologische Ausgrabungen haben bewiesen, dass Troja im Lauf seiner Geschichte mehrmals zerstört und neu aufgebaut wurde. Es fanden sich nicht weniger als neun Städte unter einem riesigen Erdhügel. Homer berichtet von Ereignissen, die ungefähr 1200 v. Chr. stattgefunden haben. Und tatsächlich fand man in der zeitlich passenden sechsten Schicht Trojas die Beweise für einen Krieg: Steinschleudern, Lanzenspitzen und eine Brandschicht, die zeigt, dass die Stadt von ihren Feinden eingeäschert wurde.

ATTIKA

Der Peloponnes im Süden von Hellas (siehe Karte vorne im Buch) ragt wie eine Hand ins Meer und ist am »Daumen« mit dem Festland verbunden. Nördlich davon liegt die Landschaft Attika; sie sieht fast wie ein Dreieck aus. An zwei Seiten ist sie vom Meer und im Norden von den Gebirgszügen Kithairon und Parnass begrenzt.

POLIS (STADT, STADTSTAAT)

Die griechische Landschaft nicht nur in Attika besteht zum größten Teil aus Tälern und Ebenen. Dadurch entstanden von Bergen begrenzte, natürlich voneinander getrennte Siedlungen um eine Stadt herum. Jede dieser Siedlungen bildete einen unabhängigen Stadtstaat, eine *polis*. Einer der größten Stadtstaaten des antiken Griechenland war Athen: Um die *Akropolis* (Oberstadt) auf einem Berg hatte sich Athen selbst gebildet. Es wurde die Hauptstadt aller Gemeinden Attikas, deren *politai* (Bürger) in der Volksversammlung über politische Entscheidungen abstimmten.

DEMOS (VOLK, GEMEINDE)

Zunächst hatte der Adel, die Aristokratie (*aristoi* = die Besten, *kratein* = regieren), in Athen geherrscht. Sie wurde entmachtet und eine neue Regierungsform entstand, an der sich alle freien, männlichen Bürger beteiligen konnten. Im 4. Jahrhundert v. Chr. war Attika in 133 Gemeinden, *demoi* (Pural von *demos*), aufgeteilt. Sie nahmen an der *ekklesia* (Volksversammlung) teil, wählten jährlich die 500 Mitglieder der Bule (*boulé* = Rat) und beschlossen Gesetze. Die Demokratie (*demos* = Volk, *kratein* = regieren) war entstanden. Die Griechen waren zu politischen Menschen geworden, die sich ohne König selbst verwalteten.

POLITES (FREIER BÜRGER)

Die Söhne freier Athener Bürger wurden von Lehrern unterrichtet, bis sie achtzehn waren. Danach folgte eine Militärausbildung. Mit zwanzig wurden sie in die Liste ihres *demos* als freie Bürger eingetragen. Über 20 000 freie Bürger gab es um 400 v. Chr. in Attika. Frauen hatten keine Bürgerrechte.

METOIKOS (FREMDER, AUSLÄNDER)

Auch die Männer, deren Väter keine freien Athener waren, hatten keine politischen Bürgerrechte. Diese »Fremden« oder Metöken (*metoikoi*) waren oft Kaufleute, Handwerker oder Künstler. Im 4. Jahrhundert v. Chr. lebten etwa 10 000 Metöken in Attika.

DOULOS (SKLAVE)

Es gab ungefähr 50 000 Sklaven, die überhaupt keine Rechte besaßen. Ohne sie hätten die freien Bürger gar nicht ihren politischen Geschäften nachgehen können. Auf dem Athener Sklavenmarkt wurden sie preiswert angeboten, sodass auch ärmere Haushalte Sklaven besaßen. Sie arbeiteten in Silberminen oder Steinbrüchen, in der Landwirtschaft oder im Haus. Einige erhielten eine Bezahlung und konnten sich dann nach einer bestimmten Zeit freikaufen. Viele wurden sogar vom Staat beschäftigt.

Die hart arbeitenden Sklaven in den Silberminen hatten keine Aussicht auf ein besseres Leben.

ATHEN – ANTIKE WELTSTADT

HYPEREIDES BEREITET DAS FEST VOR
Hekatombeion, 23. Tag, früher Morgen

Hypereides tunkte schnell ein Stück Brot in seine Weinschale und stopfte es sich ganz unfein in den Mund. Er hasste es, sich morgens beeilen zu müssen. Aber was tat man nicht alles für die Göttin Athene, besonders wenn sie Geburtstag hatte!

Rasch ging er über den Innenhof. Er klopfte hastig gegen die Tür in der Mauer, um Passanten zu warnen, und drückte sie auf. Dann zwang er sich langsamer zu gehen, obwohl Lykurgos sicher schon wartete. Nur Sklaven rennen, vornehme Athener nicht!

Vor vier Jahren hatte die Bule Lykurgos und ihn mit acht anderen in den Ausschuss gewählt, der die Großen Panathenäen plante. Von den Wett-

kämpfen bis zur Prozession mussten sie für alles sorgen.

»Hypereides! Endlich!«

Hypereides lächelte beschämt. »Ich bin spät dran, Lykurgos. Hast du Nachricht von Posion?«

»Ja, komm mit!«, rief Lykurgos.

Sie gingen über die Agora, den großen Platz von Athen, wo bald der Wettkampfeid gesprochen würde, und begutachteten die Vorbereitungen für die Athleten.

Lykurgos zeigte quer über den Platz.

»Posion hat gesagt, die Zuschauertribüne steht jetzt sicher. Es kann nichts mehr passieren.«

»Den Göttern sei gedankt!«, rief Hypereides erleichtert. »Aber so geht das nicht weiter!«

»Du hast Recht. Wir brauchen endlich ein richtiges Stadion wie das in Olympia«, sagte Lykurgos. »Ich werde bei der nächsten Volksversammlung dafür sprechen!«

»Das muss ich hören!«, rief Hypereides. »Ich werde kommen. Und wohin soll das Stadion? Hier gibt es kaum Platz!«

»Vor die Stadt, es geht nicht anders.«

»Ha! Überleg dir schon mal gute Argumente für deine Rede!«, sagte Hypereides.

DIE AGORA

Agora hieß der Marktplatz in griechischen Städten. Die Agora von Athen wurde immer wieder neu aufgebaut oder verändert. Seit 1930 haben Archäologen unzählige Fundamente für öffentliche und private Gebäude ausgegraben. Mit Fotos aus der Luft gelingt es, die genaue Lage der Gebäude festzustellen (siehe S. 18–19).

MITTELPUNKT DES LEBENS

Athens Bürger verbrachten hier ihren Tag und trafen sich mit Freunden in den Stoen (*stoa* = überdachte Säulenhalle). Während der Panathenäen war die Mitte des Platzes von den Buden der Händler geräumt, denn man brauchte sie als Rennbahn. Bei Ausgrabungen wurden Pfostenlöcher für Zuschauertribünen und Steinsockel für Startvorrichtungen gefunden. Erst um 340 v. Chr. ließ der Politiker Lykurgos (390–324) ein Stadion an der Stelle erbauen, wo das Stadion Panathinaikos heute noch steht.

So sieht die Agora von Athen heute aus:
Luftaufnahme der Fundamente auf der Agora.

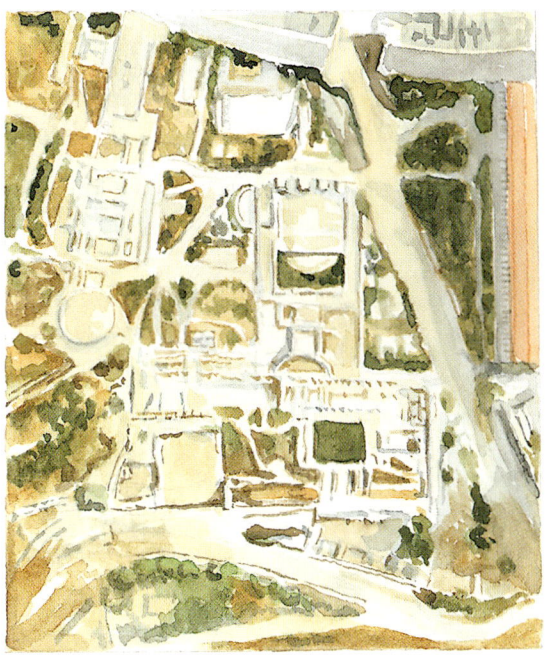

SCHON GEWUSST?
Luftbildarchäologie nennt man den Zweig der Altertumskunde, der sich mit dem Auswerten von Fotos aus der Luft oder aus Satelliten beschäftigt. Mit diesen Aufnahmen ist es möglich, Gebäude und Straßenverläufe versunkener Orte zu erfassen und durch Bodenvertiefungen oder künstlich angelegte Hügel ihre wahre Ausdehnung zu erkennen. Sie werden ausgemessen und auf Karten eingezeichnet. Mit diesen Messungen kann man originalgetreue Modelle ganzer Städte herstellen.

ATHEN UM 350 VOR CHRISTUS

1) Die bemalte Stoa (*stoa poikile*), Schiedsgericht. Der Philosoph Zenon (336–264) traf sich hier mit seinen Schülern. Seine Schule heißt daher bis heute Stoa.

2) Altar der Zwölf Götter, der Hauptgötter Griechenlands (siehe S. 45–47).

3) Stoa Basileus, Sitz des *archon basileos*, des höchsten Staatsbeamten für religiöse Belange. Hier wurde der berühmte Philosoph Sokrates 399 v. Chr. zum Tod durch das giftige Kraut Schierling verurteilt. Man warf ihm Volksaufwiegelung vor, weil er die Menschen durch seine Fragen zum Nachdenken über ihr Leben bringen wollte.

4) Die Stoa des Zeus. Die Athener informierten sich hier über Neuigkeiten.

5) Hephaisteion, Tempel für die Götter Hephaistos und Athene (siehe S. 46–47).

6) Altes und Neues Bouleuterion, Sitz des Rates von Athen und des Staatsarchivs. In der runden Tholos aßen Ratsmitglieder auf Staatskosten. Hier wurden auch Maße und Gewichte aufbewahrt.

7) Strategeion, Sitz der obersten Generäle.

8) Gefängnis von Athen.

9) Heliaia, Hauptgerichtshof für 6000 jährlich gewählte, bezahlte Geschworene.

10) Süd-Stoa, wahrscheinlich öffentliche Markthalle und Handelsverwaltung.

11) Brunnenhaus und Wasseruhr.

12) Münze, Prägeort für Bronzemünzen.

13) Gerichtshof für Mordprozesse.

14) Rennbahn, (Nutzung bei Festen)

15) Panathenäenstraße, über die festliche Prozessionen bis zur Akropolis zogen.

Stadtmauer

Panathenäenstraße

Dypilontor

Heiliges Tor

Friedhof

Keramaikos-Viertel

DIE AGORA

Agora hieß der Marktplatz in griechischen Städten. Die Agora von Athen wurde immer wieder neu aufgebaut oder verändert. Seit 1930 haben Archäologen unzählige Fundamente für öffentliche und private Gebäude ausgegraben. Mit Fotos aus der Luft gelingt es, die genaue Lage der Gebäude festzustellen (siehe S. 18–19).

MITTELPUNKT DES LEBENS

Athens Bürger verbrachten hier ihren Tag und trafen sich mit Freunden in den Stoen (*stoa* = überdachte Säulenhalle). Während der Panathenäen war die Mitte des Platzes von den Buden der Händler geräumt, denn man brauchte sie als Rennbahn. Bei Ausgrabungen wurden Pfostenlöcher für Zuschauertribünen und Steinsockel für Startvorrichtungen gefunden. Erst um 340 v. Chr. ließ der Politiker Lykurgos (390–324) ein Stadion an der Stelle erbauen, wo das Stadion Panathinaikos heute noch steht.

So sieht die Agora von Athen heute aus:
Luftaufnahme der Fundamente auf der Agora.

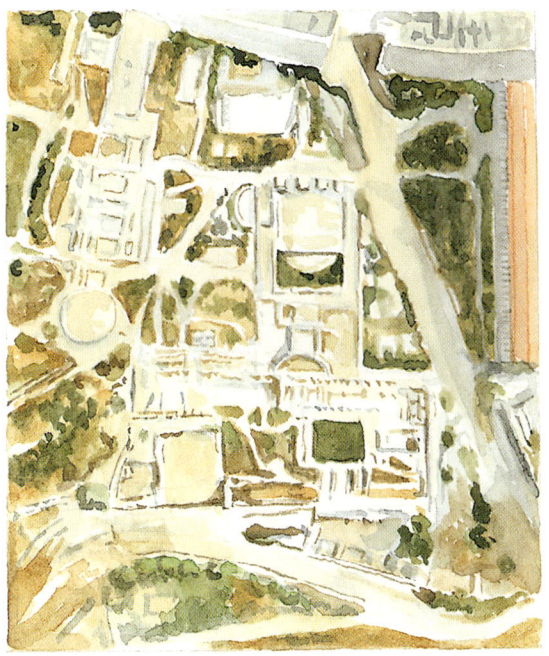

SCHON GEWUSST?
Luftbildarchäologie nennt man den Zweig der Altertumskunde, der sich mit dem Auswerten von Fotos aus der Luft oder aus Satelliten beschäftigt. Mit diesen Aufnahmen ist es möglich, Gebäude und Straßenverläufe versunkener Orte zu erfassen und durch Bodenvertiefungen oder künstlich angelegte Hügel ihre wahre Ausdehnung zu erkennen. Sie werden ausgemessen und auf Karten eingezeichnet. Mit diesen Messungen kann man originalgetreue Modelle ganzer Städte herstellen.

ATHEN UM 350 VOR CHRISTUS

1) Die bemalte Stoa (*stoa poikile*), Schiedsgericht. Der Philosoph Zenon (336–264) traf sich hier mit seinen Schülern. Seine Schule heißt daher bis heute Stoa.

2) Altar der Zwölf Götter, der Hauptgötter Griechenlands (siehe S. 45–47).

3) Stoa Basileus, Sitz des *archon basileos*, des höchsten Staatsbeamten für religiöse Belange. Hier wurde der berühmte Philosoph Sokrates 399 v. Chr. zum Tod durch das giftige Kraut Schierling verurteilt. Man warf ihm Volksaufwiegelung vor, weil er die Menschen durch seine Fragen zum Nachdenken über ihr Leben bringen wollte.

4) Die Stoa des Zeus. Die Athener informierten sich hier über Neuigkeiten.

5) Hephaisteion, Tempel für die Götter Hephaistos und Athene (siehe S. 46–47).

6) Altes und Neues Bouleuterion, Sitz des Rates von Athen und des Staatsarchivs. In der runden Tholos aßen Ratsmitglieder auf Staatskosten. Hier wurden auch Maße und Gewichte aufbewahrt.

7) Strategeion, Sitz der obersten Generäle.

8) Gefängnis von Athen.

9) Heliaia, Hauptgerichtshof für 6000 jährlich gewählte, bezahlte Geschworene.

10) Süd-Stoa, wahrscheinlich öffentliche Markthalle und Handelsverwaltung.

11) Brunnenhaus und Wasseruhr.

12) Münze, Prägeort für Bronzemünzen.

13) Gerichtshof für Mordprozesse.

14) Rennbahn, (Nutzung bei Festen)

15) Panathenäenstraße, über die festliche Prozessionen bis zur Akropolis zogen.

Stadtmauer

Panathenäenstraße

Dypilontor

Heiliges Tor

Friedhof

Keramaikos-Viertel

DIE ÖFFENTLICHEN GEBÄUDE DER AGORA

Gebäude für Regierung und Verwaltung und gleich mehrere Gerichtshöfe machten die Agora zum politischen Herzen der Stadt. Aber es gab auch Privathäuser, Geschäfte und Werkstätten von Bildhauern und Töpfern.

Wahlurne und Stimmscheiben aus dem Gerichtshof für die Abstimmung bei Mordprozessen. Ein hohler Stab in der Mitte bedeutete »schuldig«, ein massiver Stab »unschuldig«.

DAS SCHERBENGERICHT

Die Mitte des Platzes wurde einmal im Jahr für das Scherbengericht, den *ostrakismos* (*ostrakon* = Scherbe) gebraucht. Wer zu mächtig oder ehrgeizig in seinem Amt wurde, konnte für zehn Jahre verbannt werden. So wurden Betrug und Bestechung verhindert. Der Name des Mannes wurde auf eine Tonscherbe gekratzt. Mehr als 6000 Stimmen waren für eine Verbannung nötig.

WIE EINE HERDE

Die Volksversammlung tagte vierzig mal im Jahr. Damit die benötigten 6 000 Teilnehmer auch hingingen, sperrten von der Stadt angestellte Sklaven vorher die Straßen um die Agora. Sie trieben unlustige Bürger mit rot gefärbten Seilen hinauf zur Pnyx, zum Versammlungsort.

Athener, die an diesem Tag mit roten Streifen am Gewand angetroffen wurden, mussten Strafe zahlen.

16) Rampe, Treppenaufstieg zur Akropolis.

17) Pinakothek, Gemäldegalerie, wohl auch für offizielle Bankette genutzt.

18) Tempel der Athene Nike (der Siegreichen).

19) Propyläen (*propylaion* = Vorhalle), das Eingangstor aus Marmor.

20) Riesige Bronzestatue der Athene, noch mehrere Kilometer entfernt zu sehen.

21) Parthenon, Marmortempel der Athene Parthenos (der Jungfräulichen). Hinter der 12 Meter hohen Athene-Statue aus Holz, Elfenbein und Gold wurde der Staatsschatz aufbewahrt.

22) Opferaltar.

23) Erechtheion mit der Holzstatue der Athene Polias und dem heiligen Olivenbaum.

24) Haus der Weberinnen des Peplos, des heiligen Gewandes für Athene.

25) Dionysos-Theater

26) Odeion des Perikles für festliche Musikereignisse vor 3 000 Zuschauern.

27) Heiligtum für die Göttin Artemis.

28) Der Areopag (Hügel des Ares), wo der ehemalige aristokratische Rat tagte. Hier wurden um 400 v. Chr. nur noch religiöse Fragen und Prozesse für Brandstiftung und Mord verhandelt.

29) Die Pnyx, Tagungsort der über 6 000 Mitglieder der Volksversammlung (*ekklesia*) auf einer künstlichen Plattform.

DAS DIONYSOSTHEATER

Direkt am Fuß der Akropolis ist noch heute das Theater (*theatron* = Schaustätte) des Dionysos. Ursprünglich versammelten sich Zuschauer bei Festen zu Ehren des Gottes Dionysos (siehe S. 45–47) um eine runde Tanzfläche auf dem Marktplatz, der Agora, wo ein Chor tanzte und sang. Im 6. Jahrhundert v. Chr. kam das Maskenspiel dazu und man brauchte mehr als nur einen Tanzplatz.

Bis zum 5. Jahrhundert v. Chr. war das Theater aus Holz gebaut, aber im 4. Jahrhundert wurde ein großes Theater aus Stein für 14 000 Zuschauer errichtet.

Drehbare Kulissen zeigten, was im Innern eines Hauses geschah. Dreiseitige Kulissen drehte man einfach für einen Szenenwechsel herum.

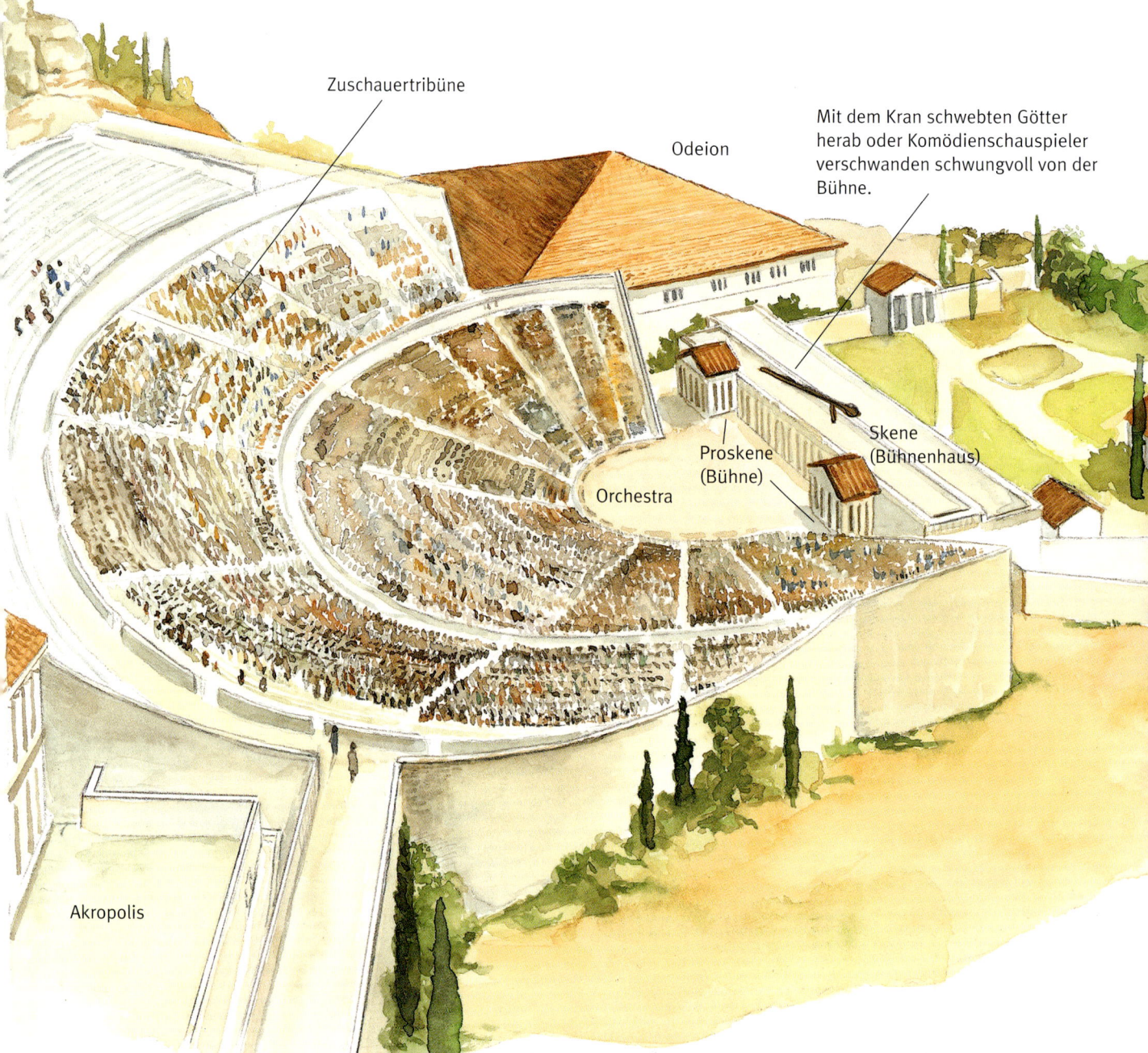

Zuschauertribüne

Odeion

Mit dem Kran schwebten Götter herab oder Komödienschauspieler verschwanden schwungvoll von der Bühne.

Proskene (Bühne)

Skene (Bühnenhaus)

Orchestra

Akropolis

16) Rampe, Treppenaufstieg zur Akropolis.

17) Pinakothek, Gemäldegalerie, wohl auch für offizielle Bankette genutzt.

18) Tempel der Athene Nike (der Siegreichen).

19) Propyläen (*propylaion* = Vorhalle), das Eingangstor aus Marmor.

20) Riesige Bronzestatue der Athene, noch mehrere Kilometer entfernt zu sehen.

21) Parthenon, Marmortempel der Athene Parthenos (der Jungfräulichen). Hinter der 12 Meter hohen Athene-Statue aus Holz, Elfenbein und Gold wurde der Staatsschatz aufbewahrt.

22) Opferaltar.

23) Erechtheion mit der Holzstatue der Athene Polias und dem heiligen Olivenbaum.

24) Haus der Weberinnen des Peplos, des heiligen Gewandes für Athene.

25) Dionysos-Theater

26) Odeion des Perikles für festliche Musikereignisse vor 3 000 Zuschauern.

27) Heiligtum für die Göttin Artemis.

28) Der Areopag (Hügel des Ares), wo der ehemalige aristokratische Rat tagte. Hier wurden um 400 v. Chr. nur noch religiöse Fragen und Prozesse für Brandstiftung und Mord verhandelt.

29) Die Pnyx, Tagungsort der über 6 000 Mitglieder der Volksversammlung (*ekklesia*) auf einer künstlichen Plattform.

DIE AKROPOLIS

Die Akropolis (Oberstadt) ist der Burgberg Athens. Ihre ältesten Fundamente stammen aus mykenischer Zeit (ca. 2000 v. Chr.).

FARBE FÜR DIE GÖTTER
Lange haben die Menschen
geglaubt, dass die Skulpturen und
Tempel aus Marmor strahlend weiß
waren. Heute weiß man, dass der
Figurenschmuck an den Tempeln,
aber auch andere Verzierungen, wie
hier beim Parthenonfries blau, rot,
ocker, golden oder silbern angemalt
waren.

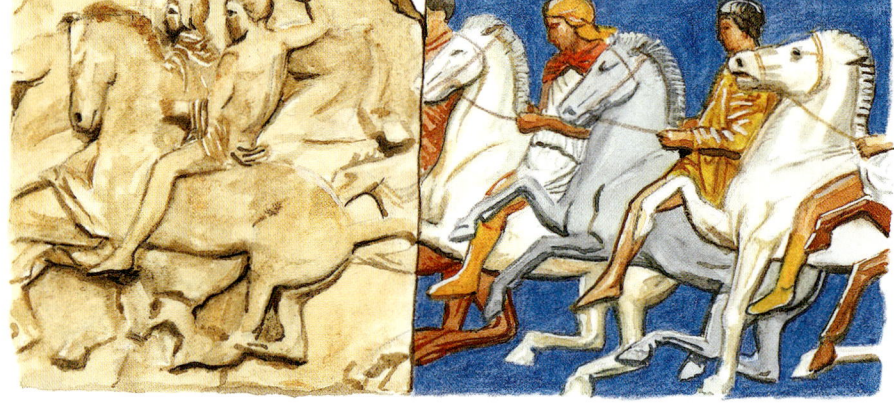

Die berühmten
Karyatiden (Säulen
in Frauengestalt) am
Erechteion waren
auch einmal bunt.

SCHON GEWUSST?
Mit chemischer Analyse, manchmal mit dem
bloßen Auge, kann man die Farbspuren heute
noch feststellen. Manche Farben haben sogar den
Marmor stellenweise weniger verwittern lassen, sodass
Archäologen auch dadurch nachweisen können, welche
Farbe ein Gesims oder das Kleid einer Figur hatte.

DAS DIONYSOSTHEATER

Direkt am Fuß der Akropolis ist noch heute das Theater (*theatron* = Schaustätte) des Dionysos. Ursprünglich versammelten sich Zuschauer bei Festen zu Ehren des Gottes Dionysos (siehe S. 45–47) um eine runde Tanzfläche auf dem Marktplatz, der Agora, wo ein Chor tanzte und sang. Im 6. Jahrhundert v. Chr. kam das Maskenspiel dazu und man brauchte mehr als nur einen Tanzplatz.

Bis zum 5. Jahrhundert v. Chr. war das Theater aus Holz gebaut, aber im 4. Jahrhundert wurde ein großes Theater aus Stein für 14 000 Zuschauer errichtet.

Drehbare Kulissen zeigten, was im Innern eines Hauses geschah. Dreiseitige Kulissen drehte man einfach für einen Szenenwechsel herum.

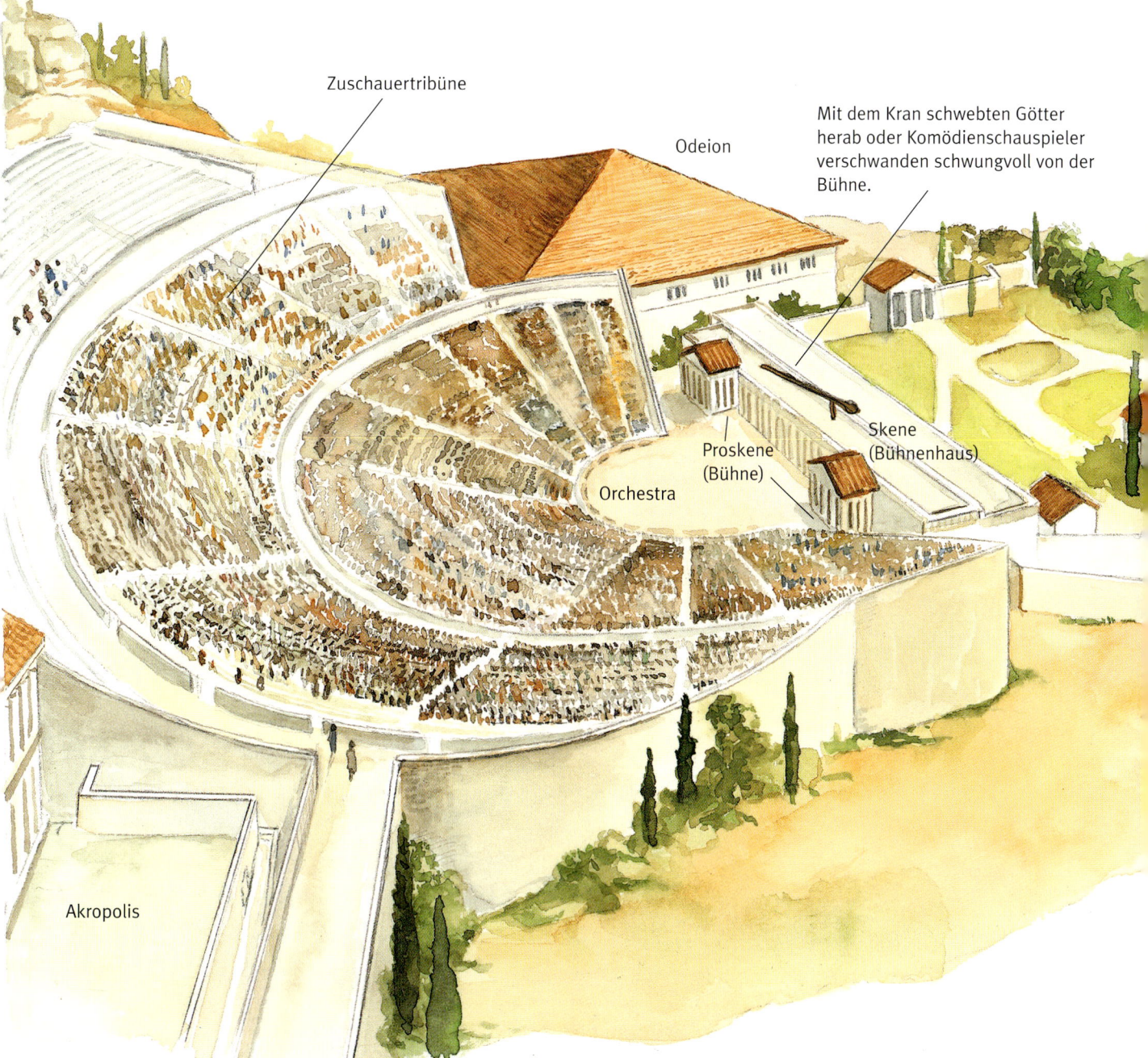

Zuschauertribüne

Odeion

Mit dem Kran schwebten Götter herab oder Komödienschauspieler verschwanden schwungvoll von der Bühne.

Skene
(Bühnenhaus)

Proskene
(Bühne)

Orchestra

Akropolis

TRAGÖDIEN UND KOMÖDIEN

Athens Dichter galten in der Antike als die besten der Welt. Ihre Tragödien werden heute noch aufgeführt, unter anderem die von Aischylos (525–465 v. Chr.), Euripides (485–406 v. Chr.) oder Sophokles (497–406 v. Chr.). Aristophanes (450–385 v. Chr.) war einer der erfolgreichsten Komödiendichter.

Theatermaske

DIE GROSSEN DIONYSIEN

Während der Dionysien (Dionysosfeste) im März wurde ein Wettstreit unter Tragödien- und Komödienschreibern veranstaltet. Sophokles gewann allein achtzehn Mal solche Wettbewerbe! Vier ganze Tage lang dauerten die Aufführungen, sodass die Zuschauer sich Essen und Getränke mitbrachten.

TRAGÖDIE UND KOMÖDIE

In der Tragödie wurde eine Gewalttat gegen göttliches oder menschliches Gesetz vorgeführt und am Ende immer bestraft. Ein Satyrspiel heiterte die Zuschauer danach auf. Satyrn (Faune) sind die ausgelassenen Begleiter des Dionysos in Menschengestalt mit Pferdefüßen und spitzen Ohren. Und die Komödie reizte zum Lachen, weil sie sich in lockerer Sprache über aktuelle Probleme oder Zeitgenossen lustig machte.

KOSTÜME UND MASKEN

Die Schauspieler traten in prächtigen Gewändern und mit Masken aus bemaltem, gehärtetem Leinen auf die Bühne. Nur Männer durften die Rollen spielen und an den Masken erkannten die Zuschauer genau, welche Figur sie vor sich hatten. Der Chor bewegte sich auf der Orchestra, kommentierte die Handlung, beeinflusste sie oder zeigte einfach einen Szenenwechsel an.

ERZIEHUNG UND AUSBILDUNG

LYSIAS ZEIGT, WAS ER KANN
Hekatombeion, 23. Tag, Vormittag

»Du bist gleich dran. Aufgeregt?«, fragte der Musiklehrer Timotheos.

Lysias fühlte, wie sich sein Magen zusammenzog.

»Es geht«, antwortete er.

Heute Morgen waren sie nach dem feierlichen Wettkampfeid von der Agora zum Odeion gegangen, dem viereckigen Gebäude hinter dem Dionysostheater. Hier fanden die Wettkämpfe in Musik und Dichtung statt. Sein Vater Hypereides war mit ihm gekommen. Zur Unterstützung, wie er sagte. Aber Lysias hatte weiche Knie.

»Lass dich nicht von Diodoros verrückt machen«, sagte Timotheos. »Er meint, er könnte alles, nur weil er schon einmal gewonnen hat.«

Lysias griff seine Flöte fester. Diesmal würde er den Flötenwettbewerb gewinnen! Mal sehen, was dieser Angeber Diodoros dann sagte! Und jetzt war es soweit. Lysias wurde aufgerufen.

Hunderte von Zuschauern sahen zu, wie er auf die Empore in der Mitte des Odeion kletterte. Er atmete tief durch. Komisch, er war plötzlich ganz ruhig, obwohl sein Körper sich immer noch so schwebend anfühlte. Er hob die Flöte an den Mund. Die Gesichter der Zuschauer verschwammen. Die ersten klaren Töne zitterten durch die Luft. Lysias spielte mutiger weiter und freute sich, wie gut seine Flöte in diesem Raum klang. Und dann hörte er nur noch auf die Melodie.

Plötzlich wachte er durch das Klatschen des Publikums auf. Hypereides kam auf ihn zu. »Gut gemacht, Junge!«, strahlte er und half ihm von der Empore. Und auch Timotheos klopfte ihm lachend auf die Schulter.

Aber Lysias glaubte erst, dass seine ganze Aufregung vorbei war, als Diodoros ungläubig den Kopf schüttelte und sagte: »Das war ja wirklich gut!«

SCHOLÉ — DIE MUSSE

Unser Wort für Schule bezeichnet im Griechischen Muße (*scholé*) und all das, wozu man Zeit und Ruhe braucht: philosophieren, diskutieren, etwas lernen. Ein Land wie Hellas konnte sich also Menschen leisten, die nicht für das Überleben aller auf dem Feld arbeiteten oder das Land verteidigten. Diese Menschen konnten sich bilden und ihre Bildung an andere weitergeben.

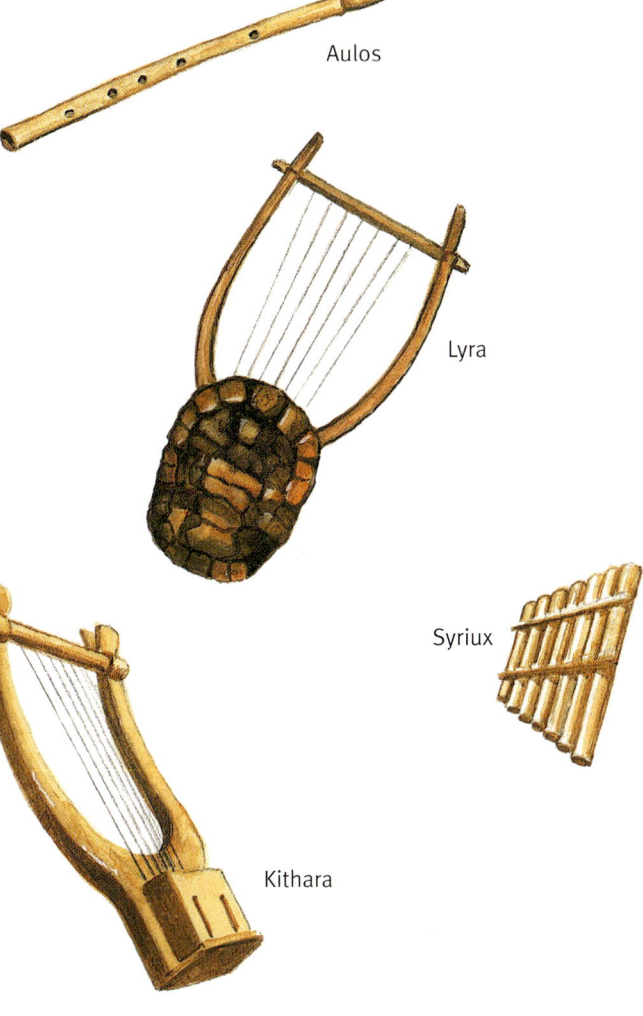

Aulos

Lyra

Syriux

Kithara

WER IST DER BESTE?

Bei Festen wie den Panathenäen zu Ehren der Götter standen die Fächer im Mittelpunkt der Wettkämpfe, die griechische Jungen schon von klein auf lernten: Musik, Dichtung und Sport. Wer dabei mitmachte, war ein Athlet (*athletes* = Wettkämpfer). Die Sieger der musikalischen Wettbewerbe der Jungen bekamen in Athen eine »Krone«, einen Kranz aus den Zweigen der heiligen Olivenbäume. Die Krone der Erwachsenen war aus Gold.

MOUSIKÉ – DIE MUSENKUNST

Zum Musikunterricht der Jungen gehörte das Spielen des *aulos* (Flöte) und der *kithara* (Leier), zu der auch gesungen wurde. Gesang lernten sie bei einem *choregos* (Chorleiter), denn auch für Sänger und Knabenchöre gab es Wettkämpfe. Die Choregen wurden in ihr Amt gewählt und studierten auch Theaterstücke mit Schauspielern ein.

PAIDAGOGIA – DIE ERZIEHUNG

Bis sie sieben Jahre alt waren, blieben die Jungen bei ihren Müttern im *gynaikeion*, dem Frauenbereich des Hauses (siehe S. 51). Danach gab es zwei Möglichkeiten: Entweder gingen sie zu einem Privatlehrer oder in das *didaskaleion*, das Schulgebäude, wo ein Lehrer mehrere Schüler unterrichtete. Viele der berühmten griechischen Vasenbilder stellen dies dar.

PÄDAGOGEN
In jedem Fall bezahlte der Vater für den Unterricht seines Sohnes und ließ ihn von einem Sklaven, einem *paidagogos* (*pais* = Kind, *agein* = führen) beaufsichtigen, der seinen Schützling überallhin begleitete. Er brachte ihm gutes Benehmen bei und konnte ihn auch bestrafen.

UNTERRICHT
Der Unterricht begann kurz nach Tagesanbruch und hörte vor der Dämmerung auf. Sport (s. Seite 32) und Musik waren die wichtigsten Unterrichtsfächer. Zur Musik gehörte auch die Dichtung, die von der *Lyra* (Leier) begleitet wurde. Konnten die Schüler sie gut spielen, führte der Lehrer sie in die Gedichte der Lyriker ein.

VORTRAGSKUNST
Die Schüler lernten, die Werke von Homer (siehe S. 13) und anderen Dichtern auswendig vorzutragen. Sie wurden nicht benotet, aber es gab Wettbewerbe im Vortragen oder Vorlesen, zum Beispiel auch bei den Panathenäen-Festspielen.

SCHREIBEN (*GRAPHÉ*) UND RECHNEN (*LOGISMOS*)

Ein Lehrer, der *grammatistes*, unterrichtete Schreiben und Lesen. Er saß dabei auf einem Stuhl (*kathedra*), die Schüler auf Schemeln um ihn herum. Sie hielten Wachstafeln auf den Knien und ritzten mit Griffeln Texte darauf, die der Lehrer diktierte. Wenn sie es gut konnten, durften sie auch mit Binsenstiften und Tinte auf den kostbaren Papyrus (Papier) schreiben.

VON ALPHA BIS OMEGA

Die frühen Kulturen in Hellas (siehe S. 12) kannten Schriften, aber das Wissen ging mit ihrem Untergang verloren. Erst um 1000 v. Chr. brachten Kaufleute aus Phönizien eine Schrift mit, die aus den ägyptischen Hieroglyphen (Bildzeichen) entstanden war und zum ersten Mal für jeden Laut einen Buchstaben (*gramma*) hatte. Unser heutiges Alphabet stammt von den Römern, aber der Name ist immer noch griechisch: Alpha und Beta heißen die ersten beiden griechischen Buchstaben.

ZAHL (*ARITHMOS*) UND MÜNZE (*NOMISMA*)

Die Griechen schrieben die Zahlen mit den Buchstaben des Alphabets und einem Strich nach oben dahinter. Aber sie rechneten etwas anders als wir, denn sie kannten noch keine Null. Als Hilfsmittel nahmen sie die Finger oder ein Rechenbrett, einen Abakus. Beim Geldzählen tat er gute Dienste, denn man kannte vier Münzen von unterschiedlichem Wert: Obolos (kleinste Münze), Drachme (6 Obolen), Mna (100 Drachmen), Talent (60 Mnas). Außerdem gab es Münzen im Wert von zwei, vier und zehn Drachmen.

MACH MIT: GRIECHISCH SCHREIBEN

Und jetzt »Αγε!« (Los!). Versucht selbst zu schreiben:

Ich heiße _____

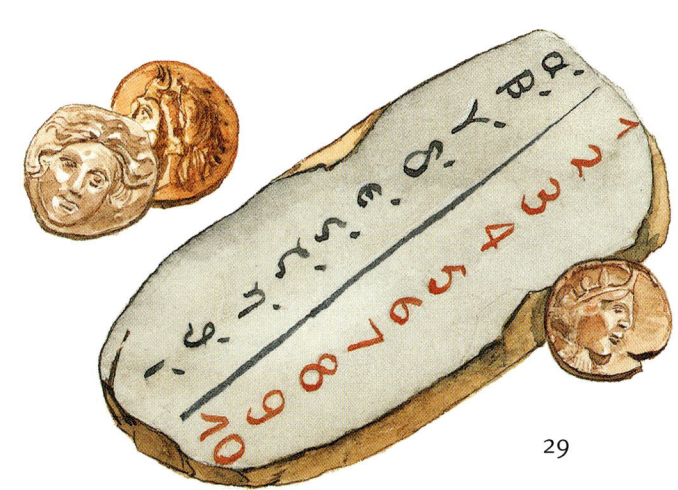

DIE FREUNDE DER WEISHEIT

Griechenland wurde berühmt durch seine Philosophen (*philos* = Freund, *sophia* = Weisheit). Leider sind viele ihrer Texte verloren gegangen. Sie waren auf lange Papyrusbänder geschrieben und über Stäbe aufgerollt. Bevor sie so ein Papyrusband lesen, restaurieren die Archäologen den Papyrus zuerst, um ihn beim Auseinanderrollen nicht zu beschädigen.

REDEN UND ARGUMENTIEREN

Mit fünfzehn bis siebzehn Jahren verließen die Jungen die Schule, aber besonders die Söhne der Reichen konnten gegen Bezahlung bei Philosophen noch weiter lernen.
Rhetoriké (Redekunst) war ein besonders wichtiges Fach. Geschickte Redner konnten in Athen zu hohem Ansehen gelangen und politische Karriere machen. Schlechte Redner dagegen mussten damit rechnen, von Tausenden von Menschen ausgebuht zu werden. Deshalb verfassten oft berufsmäßige Schreiber Reden für andere.

PHILOSOPHISCHER UNTERRICHT

Weitere Fächer behandelten die Dinge, die die Welt ausmachen: *Astronomia* (Lauf der Sterne), *Geometria* (Vermessung der Erde), *Physika* (die natürlichen Dinge), *Ethiké* (Moral) und *Hiatriké* (Heilkunde). Die Überlegungen verschiedener griechischer Philosphen beeinflussen unser Denken noch heute.

SCHON GEWUSST?
Bei der *Restaurierung von Papyrusbändern* werden die oft steinharten Stücke aus Pflanzenfasern mit einem Wasser-Zellulose-Gemisch gereinigt, aufgerollt und mit Papyrusstreifen zusammengeklebt. In einer Presse werden sie getrocknet und zwischen zwei Glasplatten aufbewahrt. Bei allen diesen Maßnahmen versucht man möglichst wenig von der Schrift zu zerstören.

BERÜHMTE PHILOSOPHEN

PYTHAGORAS (6. Jahrhundert v. Chr.) versuchte, durch Messen (Geometrie) und Zählen (Arithmetik) die Natur aller Dinge in mathematische Regeln zu fassen.

SOKRATES (470–399 v. Chr.) verwickelte die Menschen in Gespräche über Moral, damit sie darüber nachdachten, was sie taten.

EMPEDOKLES (495–435 v. Chr.) behauptete, die Dinge bestünden aus den vier Elementen Feuer, Wasser, Luft und Erde.

PLATON (427–347 v. Chr.) glaubte, dass höhere Ideen wie das Gute oder Schöne hinter den sichtbaren Dingen stehen.

DEMOKRIT (460–370 v. Chr.) hielt das Atom für das kleinste Teilchen der Materie und Ursprung allen Lebens.

ARISTOTELES (384–322 v. Chr.) meinte, dass man die Welt mit Logik und Beobachtung erfahren und ordnen kann.

HIPPOKRATES (460–377) legte fest, wie ein Arzt seinen Beruf auffassen soll. Ärzte schworen damals den »Eid des Hippokrates«.

ARCHIMEDES (287–212 v. Chr.) erfand Wurfmaschinen und riesige Brennspiegel, die die römische Kriegsflotte in Brand steckten.

GYMNASTIKÉ – SPORT

Neben der Musik war der Sport wichtigstes Unterrichtsfach. Mit zwölf Jahren lernten die Jungen bei einem Turnlehrer die verschiedenen Disziplinen. In Städten wie Athen gab es Palästren (Ringplätze) oder Gymnasien (Sportanlagen). In den Säulenhallen um diese Sportplätze lehrten die Philosophen: Platon unterrichtete in der *Akademia*, Aristoteles im *Lykeion* in Athen.

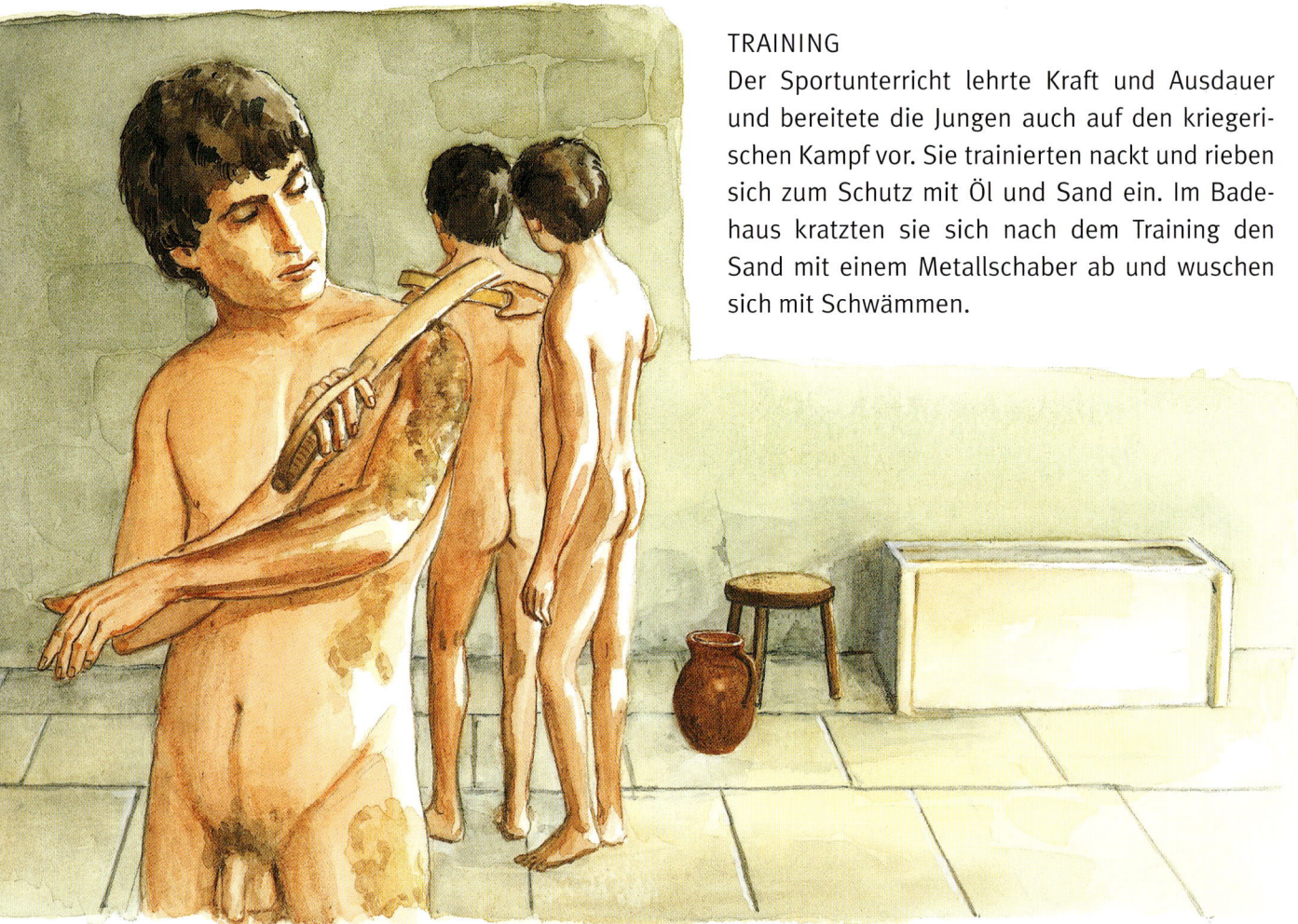

TRAINING

Der Sportunterricht lehrte Kraft und Ausdauer und bereitete die Jungen auch auf den kriegerischen Kampf vor. Sie trainierten nackt und rieben sich zum Schutz mit Öl und Sand ein. Im Badehaus kratzten sie sich nach dem Training den Sand mit einem Metallschaber ab und wuschen sich mit Schwämmen.

AGON (WETTKAMPF)

Bei den Wettkämpfen ging es nicht um Rekorde, sondern um den Sieg über den Gegner. Es gab keine zweiten oder dritten Plätze, nur einen Sieger und die Städte feierten sie wie Helden. Neben Wettkämpfen bei Stadtfesten nahmen alle Athener an den Panathenäen (*pan* = alle) teil und alle Griechen beteiligten sich an mehreren panhellenischen Spielen. Die berühmtesten fanden seit 776 v. Chr. zu Ehren des Gottes Zeus in Olympia statt.

Jugendliche zwischen zwölf und achtzehn Jahren kämpften am Nachmittag des zweiten Wettkampftages gegeneinander.

Den Marathonlauf gibt es jedoch erst seit 1896 zu Ehren des Läufers, der 490 v. Chr. von Marathon 42 Kilometer nach Athen gelaufen ist. Er überbrachte die Nachricht vom Sieg gegen die Perser, worauf er tot zusammengebrochen sein soll.

WETTKAMPFARTEN

Mit Fackelläufen wurde das heilige Feuer einer Stadt zum Opferaltar des Schutzgottes gebracht, zu dessen Ehren Wettkämpfe (gr. *athlos*, ein Wettkämpfer hieß *atheletes*) in Leichtathletik und Schwerathletik stattfanden.

LEICHTATHLETIK

(1) Der Wettlauf ist die älteste Sportart der Welt. Man lief ein *stadion*, ungefähr 180 Meter, es konnten aber auch mehrere Stadien gelaufen werden.

(2) Beim Weitsprung hatten die Athleten Gewichte in der Hand, die sie beim Sprung nach vorne zogen.

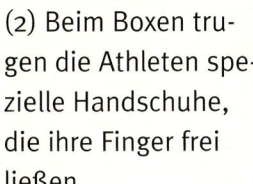

(3) Der Ringkampf wurde nach festen Regeln durchgeführt und beendet, wenn ein Ringer dreimal den Boden berührt hatte.

(4) Der Diskus bestand aus Eisen oder Stein und wog bis zu fünf Kilogramm, mehr als doppelt so viel wie heute.

(5) Der Speer war ein vorne zugespitzter Stab und wurde geworfen wie heute.

SCHWERATHLETIK

(1) Beim Allkampf, einer Mischung aus Ringen und Faustkampf, verletzten sich die Kämpfer oft schwer. Fast alles war erlaubt, nur nicht, dem Gegner die Augen einzudrücken.

(2) Beim Boxen trugen die Athleten spezielle Handschuhe, die ihre Finger frei ließen.

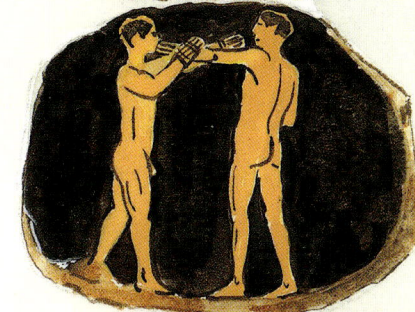

(3) Pferderennen fanden ohne Hufeisen, Steigbügel oder Sättel statt.

(4) Beim Wagenrennen mit zwei oder vier Pferden mussten die Wagenlenker abspringen, um einen bestimmten Punkt herumlaufen und wieder aufspringen.

(5) Soldaten, die Hopliten, liefen in ihren schweren Rüstungen um die Wette.

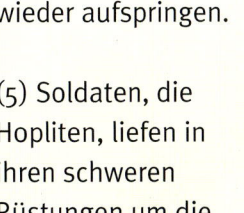

SPIEL UND SPASS

Zu allen Zeiten haben die Menschen gespielt und besonders gerne
in Griechenland. Die meisten ihrer Spiele waren Wettkampf-Spiele,
bei denen sich schon die Kleinsten, aber auch die Erwachsenen mit
ihren Gegnern messen konnten.

PAIDIÁ (SPIELEN)

Kinder kannten fast die gleichen Spiele wie heute: Schaukeln, Tauziehen, Seilspringen, Bock-
springen, Pferdchenreiten, Stelzenlauf, Ballspiele
und Brettspiele.

Beim *Tropa*-Spiel musste man Nüsse oder Kugeln
nach genau festgelegter Reihenfolge in verschiedene Löcher werfen.

Kleine Gelenkknöchel von Schafen wurden zum
Knobeln oder für das *Pentelitha*-Spiel benutzt.
Dabei wurden fünf Knöchelchen in die Luft geworfen und alle mit dem Handrücken wieder aufge-
fangen.

Spiele mit Knöchelchen waren so beliebt, dass sie
auf Vasenmalereien und als Grabbeigaben zu sehen sind. Man bewahrte sie in kleinen Beuteln
auf.

GESCHICKLICHKEIT

Beim *Ephedrismos* musste ein großer Stein von
weitem mit Kügelchen getroffen werden. Der Ver-
lierer musste den Sieger auf dem Rücken zu dem
großen Stein tragen, wobei ihm der Reiter aller-
dings die Augen zuhielt.

Das Wettspiel *Akinetinda* war reine Konzentra-
tionssache: Wer bleibt unter Stößen und Knüffen
seiner Gegner trotzdem unbeweglich stehen?

Beim *Askoliasmos* hüpften Erwachsene auf einem
mit Luft gefüllten Weinschlauch (Haut eines Zie-
genbocks). Wer am längsten oben blieb, bekam
einen echten Weinschlauch als Preis.

Kottabos spielten Erwachsene mit einer gefüllten
Weinschale. Durch einen der Henkel steckte man
den Zeigefinger und schwang dann die Schale im
Kreis, bis der Wein ein Ziel in einiger Entfernung
traf.

PAIGNIA (SPIELZEUG)

Zum Geburtstag bekamen die Kinder Spielzeug geschenkt: kleine Krüge, Rasseln in Tiergestalt, Glöckchen, Wägelchen, Kreisel oder Reifen. Gliederpuppen und Marionetten waren aus Ton, Handpuppen aus Stoff mit einem hölzernen Kopf. Für die antike Puppenküche gab es winzige Vorratsvasen, Öfen mit kleinen Fladenbroten aus Ton oder Miniatur-Bratroste. Tonpuppen saßen auf Stühlen und in Badewannen oder rollten Teig aus.

HAUSTIERE

Verschiedene Vögel wie Tauben, Gänse, Enten oder Spatzen waren die bevorzugten Haustiere. Aber es gab auch Hasen, Schildkröten und natürlich Hunde. Archäologen haben sogar den Grabstein für einen Hund gefunden, dessen Tod sehr beweint worden ist.

MACH MIT: DIE MORA

Ein ganz einfaches und schnelles Glücksspiel, das heute noch so gespielt wird wie vor 2000 Jahren: Zwei Spieler stehen sich gegenüber und zeigen gleichzeitig mit den Fingern eine Zahl von Null (Faust) bis Fünf (ganze Hand) an. Im selben Augenblick, noch bevor sie es sehen können, rufen sie laut aus, wie hoch die Summe der Finger beider Hände ihres Gegners sein wird. Wer der Zahl am nächsten kommt, ist Sieger.

HANDELSWELT

EUPOLIS UND DIE PREISAMPHOREN
Hekatombeion, 24. Tag, früher Morgen

Eupolis rannte die letzte Strecke zum Kerameikos, dem Töpferviertel gleich an der Panathenäenstraße. Er hatte Paseas versprochen noch vorbeizukommen, bevor die Wettkämpfe auf der Agora begannen.

Paseas war einmal Sklave im Haus von Eupolis' Vater gewesen. Seine Vasenmaler-Werkstatt an der Ecke des Hauses hatte genug eingebracht, dass er sich von Hypereides freikaufen konnte. Jetzt war er einer der vielen Metöken in Athen, der Fremden, die hier arbeiteten, aber keine Bürgerrechte hatten.

»Ah, Eupolis!«, rief Paseas schon durch die Tür. Er strahlte und wies mit großer Geste auf wunderschön bemalte Preisamphoren. Alle zeigten die Göttin Athene und die Sportart, für die der Preis gewonnen wurde. Eupolis war der Meinung, dass Paseas die schönsten Vasenbilder in ganz Athen malte.

»Fast so gut wie von Euphronios, was?«, fragte Paseas.

»Besser!«, erwiderte Eupolis lachend. Es war ein alter Scherz zwischen ihnen. Vor hundert Jahren war Euphronios wirklich der beste Vasenmaler Athens gewesen.

»Und wo sind meine?«, fragte Eupolis.

»He, du musst erst mal gewinnen!«, sagte Paseas und grinste.

»Kein Problem, ich bin heute gut in Form. Den Wettlauf schaffe ich im Schlaf!«

Für einen Sieg im Wettlauf bekam Eupolis sechzig Amphoren voll Olivenöl, das er frei verkaufen konnte. Das war ein kleines Vermögen und besser als Geld.

»Na gut!«, sagte Paseas. »Da hinten sind sie. Ich bin gespannt, ob du sie erkennst!«

Neugierig ging Eupolis in den Lagerraum und betrachtete die langen Reihen Preisamphoren. Dann musste er lachen: »Hier sind sie!«, rief er. Die Amphoren sahen genauso aus wie die anderen, aber unter den Wettläufern stand auf jeder Vase: »Besser als jede von Euphronios!«

HANDWERK

Mit dem Leben der Griechen in ihrer Polis war das wirtschaftliche Leben eng verknüpft. Zur Wirtschaft (*oikonomia*) gehörte vor allem die Kunst, seinen eigenen Haushalt und Besitz (*oikos*) gut zu verwalten. Der persönliche Reichtum kam auch der Polis zugute, denn reiche Athener ließen Tempel bauen oder bezahlten religiöse Feste wie die Panathenäen.

TECHNÉ – DAS HANDWERK

Die Handwerker Athens waren Spezialisten. Sie beherrschten die Kunst der Stein- und Marmorbearbeitung für Tempel und öffentliche Gebäude oder konnten mit Eisen umgehen um Waffen zu schmieden. Aus Silber und Bronze wurden Münzen geprägt und aus Holz Schiffe in den Werften gebaut. Trotzdem kann man lesen, dass sie bei den reichen Athenern nicht sehr angesehen waren. Schließlich arbeiteten sie den ganzen Tag in ihren Werkstätten und konnten am öffentlichen Leben der Polis nicht in dem Maße teilnehmen, wie man es für nötig hielt.

Bemalte Vase, die eine Athene-Figur zeigt. Auf der Unterseite die Signatur des Töpfers.

DIE TÖPFER

Rund vierhundert Töpfer und Vasenmaler lebten in Athen im Viertel der Keramiker (*Kerameikos*). Sie waren berühmt und sind uns heute teilweise noch mit Namen bekannt, weil sie ihre Waren signierten. Zur Zeit der Panathenäen hatten sie besonders viel zu tun, denn es wurden mehrere tausend Preisamphoren für das Olivenöl der Wettkampfsieger gebraucht. Durch ihre Tonfiguren oder die Geschichten, die ihre Vasenbilder erzählen, wissen wir sehr viel über den Alltag und die Sagenwelt der Griechen.

LANDWIRTSCHAFT

Nur freie Bürger konnten Land besitzen und oft musste man sogar Landbesitzer sein um Bürger einer Polis werden zu können. Viele der reichen Athener hatten daher Güter, von denen sie lebten. Sie wurden von Sklaven unter der Aufsicht eines Verwalters bewirtschaftet.

FELDFRÜCHTE

Weizen und Gerste, Mandeln, Feigen und Nüsse und Gemüse wie Kohl, Zwiebeln, Knoblauch, Kichererbsen, Bohnen und Linsen wurden angebaut. Die Ernte an Wein und Oliven war reich und konnte in großen Vorratsvasen auch außerhalb der Polis verkauft werden. Oliven wurden so hoch geschätzt, dass sie den Göttern geweiht waren: Auf der Akropolis stand ein heiliger Olivenbaum der Athene. Und wer unbefugt einen Olivenbaum fällte, konnte sogar mit dem Tod bestraft werden.

GEORGOS – DER BAUER

Landwirtschaft war eine würdige Aufgabe für einen freien Bürger, denn ein politisches Ziel der Polis war, sich selbst versorgen zu können und nicht von anderen abhängig zu sein. Aber es gab natürlich auch Kleinbauern, die in den Dörfern Attikas lebten. Die Bauern bildeten die größte Gruppe der Bürger in einer Polis wie Athen. Auch sie hatten Sklaven, die mit ihnen zusammen auf den Feldern arbeiteten und die Ernte einbrachten. Das wenige fruchtbare Land in den Tälern, kalte, nasse Winter und trockene, heiße Sommer machten die Arbeit mühsam.

EMPORIA – DER HANDEL

Im Laufe der Jahrhunderte siedelten sich Griechen rund um das Schwarze Meer, die Ägäis und das Mittelmeer an und gründeten neue Stadtstaaten mit wichtigen Handelshäfen. »Die Griechen hocken um das Meer wie Frösche um den Teich«, kommentierte der Philosoph Platon. Athen war durch eine breite Straße mit dem sieben Kilometer entfernten Hafen Piräus, einem bedeutenden Handelszentrum, verbunden.

SCHON GEWUSST?
Unterwasserarchäologen arbeiten unter erschwerten Bedingungen, manchmal tief unten auf dem Meeresboden. Gegenstände, die vor 2000 Jahren im Meeresgrund versunken sind, werden mit Kränen oder Hebeballons an die Oberfläche geholt. Noch erhaltene Ladungen von gesunkenen Schiffen geben einen Einblick in die damaligen Handelswaren und Schiffswracks zeigen den Bau von Handels- und Kriegsschiffen.

DER GRIECHISCHE GÖTTERHIMMEL

MYRTIS UND DER PEPLOS FÜR ATHENE
Hekatombeion, 25. Tag, Nachmittag

»Erzählt uns noch einmal die Geschichte!«, baten Myrtis und ihre Freundin Anyte wie aus einem Mund. Seit man sie vor einem Jahr dazu ausgewählt hatte, lebten die beiden neunjährigen Mädchen im Haus der Weberinnen auf der Akropolis. Hier hatten sie mit anderen Frauen den Peplos, das heilige Gewand für Athene, gewebt.

ben. Und dann würde Myrtis wieder ins Haus ihres Vaters Hypdereides zurückkehren und Anyte zu ihren Eltern.

»Erzählt uns noch einmal die Geschichte«, bat Anyte wieder.

»Gerne«, sagte die Priesterin lächelnd.

Myrtis und Anyte setzten sich erwartungsvoll auf den Boden und folgten beim Zuhören mit den Augen den gewebten Bildern auf dem Peplos.

»Gaia, die Mutter Erde, war einst zornig auf den höchsten Gott Zeus«, erzählte die Priesterin, »und hetzte ihre Söhne, die Giganten, zum Krieg gegen die Götter auf. Sie hatten Schlangenleiber als Beine und waren so hässlich, dass sogar die Sterne aus Furcht erblassten. Sie rissen Berge aus ihren Wurzeln und errichteten mit ihnen eine Treppe hinauf zum Olymp, wo die Götter wohnen. Iris rief eilig die Götter zusammen, aber nur ein Sterblicher konnte die Giganten besiegen. So holte Zeus den Helden Herakles zu Hilfe. Die Götter bekämpften die wütenden Giganten und Herakles tötete sie. Athene besiegte einen der Riesen, indem sie die Insel Sizilien auf ihn warf. Er lebt noch, denn sein Feueratem ist manchmal aus dem Vulkan Ätna heraus zu spüren. Zeus nannte die Götter, die am Kampf beteiligt waren, die ›Olympier‹, um sie zu ehren.«

Jetzt bewunderten sie den fertigen Peplos zusammen mit der Priesterin der Athene. Er war viel schöner geworden, als sie gedacht hatten. In drei Tagen würden sie ihn der Göttin an ihrem Geburtstag mit einer Prozession feierlich überge-

PANTHEON – ALLE GÖTTER

Die Griechen kannten viele Götter. Neben den zwölf Hauptgöttern aus dem Kampf mit den Giganten gab es noch weitere Gottheiten und Wesen mit gottähnlichen Eigenschaften, wie die Musen des Apollon für die Künste, die Satyrn als ausgelassene Begleiter des Dionysos oder die Nymphen, Naturgottheiten für Gewässer, Wälder oder Berge.

LAUNISCH!

Griechische Götter haben genau dieselben Fehler wie die Menschen. Sie streiten sich oft, besonders wenn sie im Krieg für verschiedene Gegner Partei ergreifen, und sind nicht unbedingt zuverlässig, wenn man ihre Hilfe braucht. Sie leben auf dem Berg Olymp und sind unsterblich, aber nicht allmächtig. Wie die Menschen unterstehen sie der Macht des Schicksals. Oft brauchen sie sogar die Hilfe der Sterblichen, wie im Kampf mit den Giganten.

Der Kampf der Götter und Giganten

Der Priester der Athene nimmt den Peplos entgegen.

TEMPEL UND RITEN

Die Griechen glaubten, dass die Götter sich einst ihre persönlichen Städte gewählt hatten. Und so hatte Athene auf der Burg von Attika einen Olivenbaum gepflanzt und ihre Stadt Athen genannt. Überall in Griechenland entstanden Heiligtümer für die Götter. Die Priester und Priesterinnen der Tempel wurden jährlich gewählt und waren für die genau festgelegten religiösen Handlungen ihrer Gottheit verantwortlich. Das Weben des Gewandes für Athene war solch ein Ritus. Es zeigte immer Bilder des Kampfes zwischen Göttern und Giganten.

DAS ORAKEL VON DELPHI

Manchmal teilten sich die Götter den Menschen durch Weissagungen mit. Politiker, Generäle und Privatleute befragten die Orakel Griechenlands, was bei einem Problem am besten zu tun sei.

DIE PYTHIA VON DELPHI

Im Tempel des Gottes Apollon saß die Pythia (Seherin) auf einem Dreifuß, hoch genug über einem heiligen Feuer, und beantwortete die Fragen der Ratsuchenden. Neben ihr stand der eiförmige *omphalos* (Nabel), ein Stein, der für die Griechen die Mitte der Welt bedeutete. Menschen aus dem ganzen Mittelmeerraum kamen hierher. Aber bevor die Pythia sich um ihr Problem kümmerte, mussten sie zuerst Weihegaben entrichten. Die Priester des Apollon sammelten sie in Schatzhäusern.

ORAKELSPRÜCHE

Die Weissagungen waren immer rätselhaft und mussten gedeutet werden. Wenn etwas anderes eintraf als vorhergesagt, konnte immer die falsche Auslegung daran Schuld sein. König Kroisos von Lydien (560–447 v. Chr.) hatte die Pythia gesagt, wenn er den Grenzfluss zum Perserreich mit seinen Truppen überschritte, würde er ein großes Reich zerstören. Kroisos glaubte, es sei das Perserreich und griff an. Aber er zerstörte sein eigenes Reich, weil die Perser siegten.

PANTHEON – ALLE GÖTTER

Die Griechen kannten viele Götter. Neben den zwölf Hauptgöttern aus dem Kampf mit den Giganten gab es noch weitere Gottheiten und Wesen mit gottähnlichen Eigenschaften, wie die Musen des Apollon für die Künste, die Satyrn als ausgelassene Begleiter des Dionysos oder die Nymphen, Naturgottheiten für Gewässer, Wälder oder Berge.

LAUNISCH!

Griechische Götter haben genau dieselben Fehler wie die Menschen. Sie streiten sich oft, besonders wenn sie im Krieg für verschiedene Gegner Partei ergreifen, und sind nicht unbedingt zuverlässig, wenn man ihre Hilfe braucht. Sie leben auf dem Berg Olymp und sind unsterblich, aber nicht allmächtig. Wie die Menschen unterstehen sie der Macht des Schicksals. Oft brauchen sie sogar die Hilfe der Sterblichen, wie im Kampf mit den Giganten.

Der Priester der Athene nimmt den Peplos entgegen.

Der Kampf der Götter und Giganten

TEMPEL UND RITEN

Die Griechen glaubten, dass die Götter sich einst ihre persönlichen Städte gewählt hatten. Und so hatte Athene auf der Burg von Attika einen Olivenbaum gepflanzt und ihre Stadt Athen genannt. Überall in Griechenland entstanden Heiligtümer für die Götter. Die Priester und Priesterinnen der Tempel wurden jährlich gewählt und waren für die genau festgelegten religiösen Handlungen ihrer Gottheit verantwortlich. Das Weben des Gewandes für Athene war solch ein Ritus. Es zeigte immer Bilder des Kampfes zwischen Göttern und Giganten.

DAS ORAKEL VON DELPHI

Manchmal teilten sich die Götter den Menschen durch Weissagungen mit. Politiker, Generäle und Privatleute befragten die Orakel Griechenlands, was bei einem Problem am besten zu tun sei.

DIE PYTHIA VON DELPHI

Im Tempel des Gottes Apollon saß die Pythia (Seherin) auf einem Dreifuß, hoch genug über einem heiligen Feuer, und beantwortete die Fragen der Ratsuchenden. Neben ihr stand der eiförmige *omphalos* (Nabel), ein Stein, der für die Griechen die Mitte der Welt bedeutete. Menschen aus dem ganzen Mittelmeerraum kamen hierher. Aber bevor die Pythia sich um ihr Problem kümmerte, mussten sie zuerst Weihegaben entrichten. Die Priester des Apollon sammelten sie in Schatzhäusern.

ORAKELSPRÜCHE

Die Weissagungen waren immer rätselhaft und mussten gedeutet werden. Wenn etwas anderes eintraf als vorhergesagt, konnte immer die falsche Auslegung daran Schuld sein. König Kroisos von Lydien (560–447 v. Chr.) hatte die Pythia gesagt, wenn er den Grenzfluss zum Perserreich mit seinen Truppen überschritte, würde er ein großes Reich zerstören. Kroisos glaubte, es sei das Perserreich und griff an. Aber er zerstörte sein eigenes Reich, weil die Perser siegten.

TEMPEL UND SKULPTUREN

Um ihre Götter zu ehren, mit deren Zorn sie jederzeit rechnen mussten, haben die Griechen die schönsten Gebäude und Skulpturen aus Marmor geschaffen. Sie selbst lebten in einfachen Lehmziegelhäusern und benutzten ihr Vermögen lieber für die öffentlichen Gebäude, die Statuen und die Tempel ihrer Stadt.

ZUM HIMMEL SCHWEBEND

Der berühmteste Tempel Griechenlands ist der Parthenon-Tempel für Athene auf der Akropolis, etwa 70 m lang und 30 m breit. Doppelte Säulenreihen von 10 m Höhe stützen das Dach. Man meint, die Säulen stehen gerade und sind alle gleich breit. Aber die antiken Architekten haben eine optische Täuschung eingebaut:
Tatsächlich sind die Ecksäulen etwas dicker als die anderen. Alle Säulen neigen sich ein wenig nach innen und werden nach oben hin schmaler. Und das Fundament für eine Säulenreihe ist nicht gerade, sondern zur Mitte hin ganz leicht nach oben gebogen. So werden Verzerrungen ausgeglichen, die durch das menschliche Auge entstehen.

Parthenon-Ruine

So sieht man den Tempel

So ist er gebaut

DIE PANATHENÄEN-PROZESSION

Am Gesims oberhalb der inneren Säulenreihen zieht sich ein Fries einmal um den Tempel herum. Die in Marmor gehauenen Figurengruppen sind einzigartig in Griechenland, denn sie stellen die Prozession am Geburtstag Athenes dar. An der wichtigsten Stelle über der Eingangstür sieht man, wie die olympischen Götter die Prozession beobachten. Man glaubte, dass die Götter bei allen Feierlichkeiten zu ihren Ehren zuschauten.

1. **Hera**, Götterkönigin, Göttin der Ehe und Geburt
2. **Zeus**, Götterkönig, Gott des Himmels
3. **Artemis**, Göttin der Jagd
4. **Hestia**, Göttin des Herdes und des häuslichen Friedens
5. **Athene**, Göttin des Kampfes, der Künste, Weisheit und Webkunst
6. **Aphrodite**, Göttin der Liebe und Schönheit
7. **Demeter**, Göttin des Ackerbaus und der Fruchtbarkeit
8. **Ares**, Gott des Krieges
9. **Hermes**, Götterbote, Gott der Reisenden, Diebe und Kaufleute
10. **Poseidon**, Gott des Meeres und der Erdbeben
11. **Apollon**, Sonnengott, Gott der Musik, Dichtung und Weissagung
12. **Hephaistos**, Gott des Feuers und der Schmiedekunst
13. **Dionysos**, Gott des Weines und der Pflanzenwelt
14. **Satyr**, Walddämon mit Pferdeschweif und Pferdeohren, Begleiter des Dionysos
15. **Hades**, Gott der Unterwelt, des Totenreiches
16. **Persepone**, Göttin der Unterwelt
17. Der Fährmann **Charon** fährt die Seelen der Toten über die Flüsse Acheron und Styx.
18. Der Eingang zur Unterwelt wird von dem dreiköpfigen Hund **Kerberos** bewacht, der niemanden aus dem Totenreich entkommen lässt.

16

17

18

FRAUEN IN HELLAS

LEONTION GEHT ZUM NÄCHTLICHEN FEST
Hekatombeion, 27. Tag, Abend

Leontion hielt den Bronzespiegel näher an ihr Gesicht und sah sich lächelnd in die Augen. Sie war stolz auf ihre Kinder. Ihre Tochter Myrtis hatte das, was Leontion ihr beigebracht hatte, gut im Dienst für Athene brauchen können.

Lysias hatte tatsächlich den Flötenwettbewerb gewonnen und auch Eupolis war voller Stolz vom Wettlauf nach Hause gekommen.

»Hier bin ich, Herrin!« Die ägyptische Sklavin Isis kam um ihr die Haare aufzustecken und mit Bändern zu schmücken.

Hypereides hatte die völlig verschreckte Isis eines Tages vom Sklavenmarkt mitgebracht. Piraten hatten sie nach Athen verkauft. Seitdem hatte sie sehr gut Griechisch gelernt und viel über ihre Heimat erzählt. Seltsame Leute, diese Ägypter! Die Frauen schienen ganz anders zu leben als in Hellas. Sie wählten sich sogar ihre Ehemänner selbst!

»Gefallt Ihr euch so?«, fragte Isis.

Leontion sah anerkennend in den Spiegel.

»Du hast mich sehr schön gemacht, Isis.«

Leontion stand auf und ging hinunter in den Innenhof, wo Hypereides schon auf sie wartete.

»Da bist du ja, meine Schöne!«, sagte er.

Leontion lächelte ihn an. Sie war glücklich mit Hypereides geworden, obwohl sie ihn bei ihrer Hochzeit noch nicht einmal kannte. Sie reihten sich in den Strom der Menschen auf der Straße ein. Alle wollten heute Nacht an dem großen Fest zu Ehren Athenes teilnehmen. Die jungen Leute sangen und tanzten bis zum Morgengrauen. Und dann fand noch im Dunkeln der Fackellauf zur Akropolis statt. Die festliche Stimmung fing Leontion ein und sie genoß das Lachen und Schwatzen um sich herum.

BÜRGERINNEN VON ATHEN

Von den Dichtern und Philosophen erfahren wir viel über das Leben der Frauen in Hellas. Frauen hatten keine Bürgerrechte, durften also am politischen Leben ihrer Stadt nicht so teilnehmen wie die Männer. Während diese ihren Tag in der Öffentlichkeit verbrachten, wurde von den Frauen der vornehmen Familien erwartet, dass sie das Haus kaum verließen.

EIN LEBEN NUR IM HAUS

Frauen der gehobenen Schichten verließen das Haus nur, wenn sie in Begleitung einer Sklavin Freundinnen besuchten, bei Familienfesten mitwirkten und an religiösen Festen wie den Panathenäen teilnahmen. Wahrscheinlich gingen sie auch ins Theater, aber bei den sportlichen Wettkämpfen der Männer durften sie nicht zusehen. Auch wenn ihre Männer abends Freunde zu einem *symposion* (Trinkgelage) einluden, wo sie aßen, tranken, spielten und sich von Berufsmusikern unterhalten ließen, waren die Frauen nicht dabei. Die ärmeren Bürgerinnen führten ein freieres Leben, denn sie verdienten oft als Erntehelferinnen, Händlerinnen auf der Agora oder als Hilfen in anderen Haushalten ihren Lebensunterhalt und sahen mehr von der Welt.

WICHTIGE AUFGABEN

Die einzigen Gelegenheiten, bei denen Frauen wichtige Rollen in der Öffentlichkeit spielten, hatten mit Religion oder Familie zu tun. Sie waren Priesterinnen bei mehr als vierzig Festen pro Jahr, gingen an der Spitze der Prozessionen oder erfüllten Aufgaben bei Hochzeiten und Begräbnissen.

HOCHZEIT

Mädchen waren etwa fünfzehn Jahre alt, wenn sie heirateten, Männer über zwanzig. Die Ehe war von den Vätern der Brautleute geplant und oft kannten sie sich noch nicht einmal. Die Frauen ihrer Familie begleiteten die Braut bei den Vorbereitungen der Hochzeit und am Hochzeitstag selbst. Der Bräutigam holte seine Braut vom Haus ihrer Eltern in das Haus seiner Familie. Bei dieser Prozession trug die Mutter der Braut eine Fackel mit dem Feuer ihres Herdes: Ihrer Tochter sollte es immer gut gehen.

TOTENKULT

Auch um die Toten der Familie kümmerten sich die Frauen. Sie salbten den Leichnam mit Ölen und hüllten ihn in Gewänder. Oft legten sie ihm eine Münze in den Mund für Charon, den Fährmann der Unterwelt. Am Tag des Begräbnisses brachte man den Toten noch vor Morgengrauen vor die Stadttore zum Friedhof im Kerameikos. Eine Frau mit einer Opfergabe ging an der Spitze der Prozession. Der Tote wurde im Familiengrab beigesetzt und bekam Wein und Öl mit auf seinen letzten Weg.

ALLTAG IM *GYNAIKEION*

Unzählige Vasenmalereien erzählen vom Alltag der Frauen im *gynaikeion*.
Hier im Frauenbereich im hinteren Teil oder im ersten Stock eines Hauses,
organisierten sie die Arbeit der Sklaven, erzogen die Kinder, saßen am
Webrahmen oder spannen Garn.

NACHKOMMEN

Die Frauen der Familie halfen einer Mutter ihr
Baby auf die Welt zu bringen. Der Vater hatte das
Recht, in den ersten Tagen nach der Geburt zu
entscheiden, ob er das Kind behalten wollte oder
nicht. Viele Säuglinge wurden auf öffentlichen
Plätzen ausgesetzt, weil die Familie zu groß wurde. Eine Woche nach der Geburt wurde die *amphi-
dromia* (Kreislauf), die Aufnahme des Kindes in
die Familie gefeiert: Der Vater trug das Baby sym-
bolisch um die Feuerstelle, das Zentrum des
Hauses.

ERZIEHUNG DER MÄDCHEN

Mit sieben Jahren verließen die Jungen das *gynaikeion* und gingen in die Schule. Die Mädchen
lernten jetzt bei ihrer Mutter praktische Dinge,
wie Kochen, Weben oder Spinnen. War die Mutter
gebildet, brachte sie den Töchtern selbst Lesen
und Schreiben bei. Manchmal bezahlte der Vater
auch eine Hauslehrerin.

Säuglingsflasche in Form eines Schweins. Sie macht
Geräusche, wenn sie ausgesaugt ist, denn im Innern
rappelt eine kleine Kugel oder ein Steinchen.

KLEINKINDER

Ärmere Frauen kümmerten sich selbst um ihre
Kinder, reichere hatten Sklavinnen, vielleicht sogar eine Amme. Die Kleinen saßen in Hoch-
stühlen aus Terrakotta, unter deren Sitz auch
ein Töpfchen geschoben werden konnte. Die
Mütter spielten und sangen mit ihnen oder la-
sen ihnen vor, besonders die Fabeln von Aiso-
pos (Äsop).

MODE

Für griechische Gewänder brauchte man viele Meter Stoff aus meist zu Hause gesponnener und gewebter Wolle, Seide oder Leinen. Farbspuren auf Statuen und Reliefs zeigen uns, dass die Kleidung auch purpurrot, ockergelb, blau, grün und schwarz eingefärbt sein konnte.

GEWÄNDER

Der Chiton aus Leinen wurde auf den Schultern mit Fibeln (Gewandnadeln) zusammengehalten. Für Frauen war er bodenlang, Männern reichte er bis zum Oberschenkel. Darüber trugen Männer und Frauen einen Himation (Mantel).

DER PEPLOS

Der Peplos war ganz gemustert und die Stoffränder waren mit Streifenornamenten gesäumt.

FÜR DIE FÜSSE

Vasenbilder zeigen Sandalen, aber auch festere Schuhe und Stiefel. Bei Ausgrabungen auf der Agora wurde der Laden von Simon, dem Schuster, gefunden. Er benutzte grobe Schusternägel und Ösen aus Knochen, durch die Bänder zum Verschnüren der Stiefel geführt wurden.

KOSMEIN – SCHMÜCKEN

Körperpflege und Wohlgeruch waren sehr wichtig für die Griechen. Sie verbrachten viel Zeit im Dampfbad und bei der Massage, die Männer besonders nach ihrem Training in den Sportanlagen. Zahlreiche Rezepte für Salben und Gesichtsmasken zur Schönheitspflege sind uns überliefert.

FRISUREN

Das Haar galt als schönster Schmuck, deshalb wurde es entsprechend aufwändig frisiert. Frauen kannten viele modische und zum Teil sehr komplizierte Frisuren mit Spangen, Bändern oder Kämmen. Gepflegte Haare wurden sogar von Dichtern als Zeichen der Schönheit gelobt. Junge Männer trugen kurz geschnittene Haare, ältere Männer hatten längere Haare und Bärte.

KOSMETIK

Frauen schminkten ihre Gesichter weiß, denn Sonnenbräune galt als nicht sehr vornehm. Dazu wurde rosafarbenes Wangenrouge aus Maulbeeren oder Brombeeren aufgelegt. Man fertigte Essenzen aus Iris, Rosen, Krokus (Safran), Weinblättern, Majoran und Äpfeln. Ratgeber schlugen für jeden Körperteil einen anderen Duft vor: Zimt und Myrrhe (»ägyptisches Parfüm«) für die Beine, Palmöl für den Hals, Minzöl für die Arme, Majoran für Augenbrauen und Haar, Thymian für Knie und Nacken. Man glaubte, dass Düfte über Heilwirkungen verfügten, besonders wenn sie direkt in die Haut einmassiert wurden. Unzählige Fläschchen und Dosen stellten die Töpfer für Düfte und Öle her.

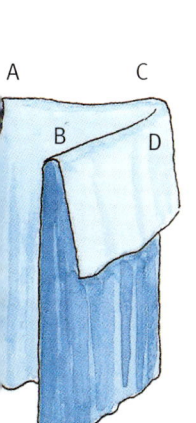
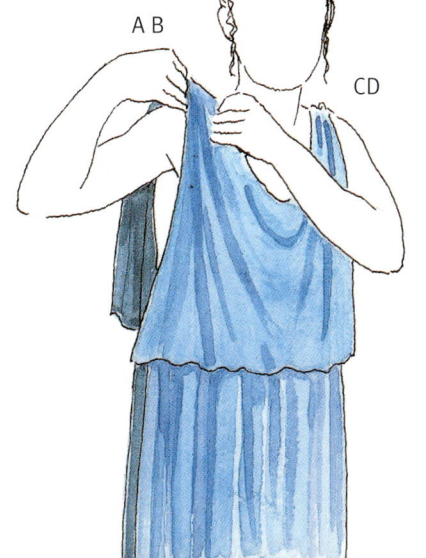

MACH MIT: DER PEPLOS

Ein rechteckiges Stück Stoff (120 x 200 cm) falten wie auf dem Bild. Mit Sicherheitsnadeln so feststecken, dass zwischen A/B und C/D ein Halsausschnitt entsteht und neben C/D ein Armloch. In der Taille mit einem Gürtel zusammenhalten. An der offenen Seite kann der Peplos noch zusätzlich zugenäht oder festgesteckt werden.

53

FESTE FEIERN IN ATHEN

PAPPOS BESCHLIESST ATHENES TAG
Hekatombeion, 28. Tag, Nacht

Diomedes Patroklou streckte sich genüsslich seufzend auf seiner Essliege aus und trank einen Schluck aus seiner Weinschale.

»Ich glaube, ich habe zu viel gegessen«, sagte er zu seinem Freund Theseus. »Nach dem langen Tag!«

Athenes Geburtstag war lang gewesen. Schon vor dem Morgengrauen hatte Diomedes sich zum Stadttor im Kerameikos aufgemacht um dem Fackellauf zuzusehen. Von allen Läufern hatten es nur drei geschafft, mit noch brennender Fackel auf der Akropolis anzukommen. Der Sieger hatte dann unter großem Jubel das heilige Feuer auf dem Altar entzündet.

»Ja, ich auch«, lachte Theseus, »aber nach dem Schrecken haben wir das verdient!« Er schüttelte den Kopf. »Ich verstehe nicht, warum die Wagenlenker unbedingt auf uns Älteste folgen müssen«, sagte er. »Das Pferd hätte mich fast umgeworfen!«

In der festgelegten Reihenfolge war im Morgengrauen die Prozession losgezogen. Diomedes und Theseus hatten in der Gruppe der sechzehn Ältesten stolz ihre Zweige vom heiligen Olivenbaum der Athene getragen. Es war eine Auszeichnung, dabei zu sein!

Diomedes hatte gerade den Kranz auf seinem Kopf zurechtgerückt, als er sah, dass ein Wagenlenker seine Pferde kaum bändigen konnte. Theseus war von den Hufen fast getroffen worden.

»Hast du gesehen, wie der Soldat vor dem zweiten Wagen sich nur noch mit seinem Schild gegen die Pferde schützen konnte? Und ich hatte noch nicht mal einen Schild!«

»Es ist ja noch mal gut gegangen«, sagte Diomedes. »Athene sei Dank!«

»Ja, Athene sei Dank! Und jetzt vergessen wir es einfach und spielen Kottabos«, sagte Theseus und schwang seine Weinschale um den Finger.

SITIA KAI POTA – SPEIS UND TRANK

Ausgrabungen förderten unzählige Gefäße zutage, die als Vorratsvasen, Essgeschirr, Kochtöpfe, Bratroste oder Trinkgefäße dienten. Manche haben Vasenmaler mit Speiseszenen verschönert. Dichter und Philosophen haben Festmähler beschrieben und auch der Arzt Diokles (4. Jahrhundert v. Chr.) hat sich zu Speisen und Getränken geäußert.

ALLTAGSKÜCHE

Einfache Leute ernährten sich von Gerstenbrot, Zwiebeln und Gemüsen, wie Sellerie, Bohnen oder Rettich. In reicheren Haushalten gab es das teurere Weizenbrot, viel Fisch, Gemüse, Früchte, Oliven und Käse. Fleischgerichte aus Lamm, Schwein, Wild oder Rind waren selten, weil sie sehr teuer waren. Man aß im Liegen und benutzte Fingerschalen mit Wasser, weil mit den Händen gegessen wurde. Dazu wurde verdünnter Wein getrunken, Ziegenmilch oder auch *Kykeon*, ein »Mischtrank« aus Wein, Gerstenmehl und geriebenem Käse.

FESTTAGSKÜCHE

Hundert Kühe wurden bei den Panathenäen als Opfer für Athene geschlachtet, aber nur teilweise verbrannt. Der Großteil des Fleisches wurde nach der Opferung im Kerameikos an die Bevölkerung verteilt. Es wird berichtet, dass die Teilnehmer der Festessen »wegen der Überfülle an Fleisch viel zu viel in sich hineinstopften« – und es nicht gut vertrugen. Daher empfahl der Arzt Diokles für den guten Schlaf nach dem Essen: »Niemals auf dem Rücken liegen, solange der Magen noch voll ist! Auf der linken Seite entspannen und später auf die rechte Seite drehen.«

MACH MIT: ATTIKA-GEBÄCK

1 Glas (0,2 l) Öl, 2 Vanillezucker, 1 Glas Zucker, 4 Eier, 1 kg Mehl, 1 Backpulver, Sesam zum Bestreuen

Alle Zutaten in eine große Schüssel geben und zu einem glatten Teig verkneten. Kleine Stücke Teig zu Ringen, Brezeln, Zöpfen oder Hörnchen formen, kurz in Sesam wälzen und auf ein gefettetes Blech legen. Bei 150–175 Grad ca. 10–15 Minuten backen.
Man kann den Teig auch ausrollen (nicht zu dünn) und mit Backformen ausstechen.

ZEITTAFEL IN SCHLAGZEILEN

Die Ereignisse in diesem Buch spielen im klassischen Athen des
4. Jahrhunderts vor Christus. Aber in Griechenland ist natürlich
noch viel mehr passiert, vorher und nachher.

BRONZEZEIT
→ (ETWA 2600–1120 V. CHR.)
→ MINOISCHE KULTUR
(ETWA 2600–1400 V. CHR.)
Erste Paläste auf Kreta, Keramik-
funde. Erste Gräber in Mykene.
Tausende Tontäfelchen bieten Ein-
blick in den Haushalt des Minos-
palastes.

MYKENISCHE KULTUR
→ (ETWA 1650–1120 V. CHR.)
Um 1400 Kreta von mykenischen
Kriegern besetzt. Erste Kolonien auf
Zypern und in Syrien. 1184 Troja zer-
stört.
Um 1190–1120 »Dorische Wande-
rung«. Um 1120 Zerstörung von
Mykene.

NACHMYKENISCHE ZEIT
→ (ETWA 1120–750 V. CHR.)
Um 1050–900 »Ionische
Wanderung«. 776 erste Olympische
Spiele. 750–600 griechische
Kolonien im Mittelmeerraum, erste
schriftliche Zeugnisse.

ARCHAISCHE ZEIT
→ (ETWA 750–500 V. CHR.)
POLITIK: Entstehung der Stadtstaaten (polis): z. B. Sparta und Argos
(Peloponnes), Athen und Theben
(Festland). Monarchie durch die
Aristokratie ersetzt. Ab 560 herr-
schen Tyrannen in Athen: Peisistra-
tos, Hippias und Hipparchos, 510
gestürzt (»Tyrannenmord«). 508
reformiert Kleisthenes die Verwaltung der Polis Athen (z. B. Scherbengericht).
KULTUR: UM 750 die Ilias, UM 700 die
Odyssee. Beginn des Tempelbaus
aus Stein. Ab dem 6. Jahrhundert
erste Philosophen, z. B. Thales von
Milet. Panathenäen in Athen und
panhellenische Feste in Olympia,
Delphi (AB 582), Korinth (AB 581) und
Nemea (573). 533 gewinnt der Tragö-
diendichter Thespis den ersten
Wettbewerb bei den Dionysien.

KLASSISCHE ZEIT
→ (ETWA 500–323 V. CHR.)
POLITIK: 490 Einfall der Perser in
Griechenland und Sieg der Griechen
bei Marathon. 480 neuer Einfall der
Perser unter Xerxes und Zerstörung
der Akropolis von Athen. Sieg der
Griechen unter Themistokles im
Seekrieg gegen die Perser. 478
Gründung des 1. Attischen Seebun-
des der Insel- und Küstenstädte
unter Führung Athens. Athen unter
Perikles (495–429) immer mächtiger,
wogegen Sparta rebelliert. 431 be-
ginnt der Peloponnesische Krieg
(Sparta gegen Athen). 430 bricht die
Pest in Athen aus, an der Perikles
429 stirbt. 404 spartanische Vor-
herrschaft in Griechenland, Herrschaft der 30 Tyrannen in Athen. 403
Wiederherstellung der Demokratie
in Athen. 377 2. Attischer Seebund
erst gegen Sparta, dann gegen
Theben. 338 gründet König Philipp II.
von Makedonien den Korinthischen
Bund für den allgemeinen Frieden.
336 Ermordung Philipps II.. Sein Sohn
Alexander wird Herrscher und er-
obert ein riesiges Reich bis nach
Ägypten und Indien. Überall gründet
er Städte mit seinem Namen: Alexan-
dria. 323 stirbt Alexander der Große
in Babylon.
KULTUR: 447 wird der Bau des
Partheneon-Tempels begonnen.
Überall entstehen Theater und
Stadien. 468 siegt Sophokles erst-
mals bei den Dionysien. 399 Prozess
und Tod des Sokrates.
385 gründet Platon die Akademie.
335 gründet Aristoteles das Lykeion.

HELLENISTISCHE ZEIT
→ (ETWA 323–146 V. CHR.)
POLITIK: Antipatros (397–319) über-
nimmt die Macht in Alexanders
Reich. 168 siegen die Römer über
Makedonien. 148 wird Makedonien
römische Provinz, 146 wird Griechen-
land römische Provinz.
KULTUR: Überall wird die Kunst und
Architektur Griechenlands verbreitet
(»Hellenismus«). 301 gründet Zenon
die Stoa. 295 wird die berühmte
Bibliothek in Alexandria/Ägypten
gegründet.

INTERNETLINKS UND MUSEUMSADRESSEN

ALLGEMEINES:
→ **www.graeca.de/**
  Informationen zu allen Themen, umfangreiche Links, auch zu Museen.

→ **www.lateinforum.de/inhaltsv.htm**
  Links zu den Themen Griechenland, Archäologie und Museen.

→ **www.antikenforum.de/**
  Über das Alltagsleben der Griechen (und Römer), schöne Linksammlung zum Thema Griechenland.

→ **www.stoa.org/metis/**
  Wer einen Quicktime-Player installiert hat, kann hier in Athen spazieren gehen oder sich den "Nabel der Welt" im Apollontempel in Delphi ansehen.

→ **www.stoa.org/diotima/art.shtml**
  Linklisten über griechische Kunst, teilweise auf Englisch. Mit vielen Bildern.

ARCHÄOLOGIE:
→ **www.archaeologie-online.de/**
  Nachrichten aus der Archäologie, aktuelle Berichte und viele Links und Informationen.

→ **www.uni-tuebingen.de/troia/deu/index.html**
  Aktuelles über die Ausgrabungen in Troja.

GÖTTER UND HELDEN:
→ **www.gutenberg2000.de/schwab/sagen/schsagen.htm**
  Texte der griechischen Götter- und Heldensagen.

→ **www.gutenberg2000.de/aesop/0htmldir.htm**
  Texte aller Fabeln von Aesop.

→ **www.mythologica.de/**
  Götternamen zum Anklicken.
  sagengestalten.de/index.html
  Ein Lexikon der Götter und Sagengestalten (nicht nur Griechenlands).

MUSEEN:
→ **www.webmuseen.de/**
  Allgemeine Link-Liste zu Museen im In- und Ausland.

→ **www.culture.gr/**
  Alle Museen und archäologischen Stätten in Griechenland zum Anklicken.

DEUTSCHLAND

Ankershagen:
Heinrich-Schliemann-
Museum Lindenallee 1
17219 Ankershagen /
Mecklenburg

Berlin:
Antikensammlung
Staatliche Museen zu
Berlin
Pergamonmuseum
und Altes Museum
Bodestraße 1–3
10178 Berlin

Düsseldorf:
Hetjens-Museum /
Deutsches
Keramikmuseum
Schulstraße 4
40213 Düsseldorf

Erlangen:
Institut für Klassische
Archäologie
Kochstrasse 4/19
91054 Erlangen

Kiel:
Antikensammlung
Kunsthalle zu Kiel
Christian-Albrechts-
Universität zu Kiel
Düsternbrooker Weg 1
24105 Kiel

Leipzig:
Institut für Klassische
Archäologie der
Universität Leipzig
Ritterstr. 14
04109 Leipzig

München:
Glyptothek
Königsplatz 3
80333 München

Münster:
Archäologisches Museum
im Fürstenberghaus
Domplatz 20-22
48143 Münster

Saarbrücken:
Klassische Archäologie
Universität des
Saarlandes
PF 15 11 50
66041 Saarbrücken

ÖSTERREICH

Kunsthistorisches
Museum
Hauptgebäude
Maria-Theresien-Platz
A-1010 Wien

SCHWEIZ

Antikenmuseum Basel
St. Albangraben 5
CH-4010 Basel

ENGLAND

The British Museum
Great Russell Street
London WC1B 3DG

GRIECHENLAND

National Archaeological
Museum of Athens
Patission 44 St
Athens 10682

The Acropolis Museum
Acropolis
Athens

Archaeological Museum
of Delphi
Delphi 33054

The Archaeological
Museum at Olympia
Ancient Olympia

STICHWORTLISTE